KB272391

부부백신

우리는 왜 결혼을 오해하는가?

이병준 지음

부부 백신

피톤치드

결혼의 통념을 깨뜨리는 지혜와 통찰이 돋보이는 책

세계 46개국이 10년간 함께 종단 연구한 세계 가치관 조사(World Values Survey)에 따르면 사람들이 가장 중요하게 여기는 가치는 단연 가족입니다. 일과 돈, 친구와 여가보다도 가족이 인간 행복의 가장 중요한 기반이라는 뜻입니다. 그리고 건강한 가족의 출발점은 바로 부부의 행복입니다.

그러나 현실의 많은 가정은 기대만큼 행복하지 않습니다. 저자는 그 이유를 결혼에 대한 통념 바이러스에서 찾습니다. 정치와 경제, 사회와 문화 속에서 형성된 잘못된 통념들이 우리도 모르게 부부 관계를 병들게 만든다는 것입니다. 저 역시 상담센터에서 수많은 내담자를 만나 온 상담자로서 그의 통찰에 깊이 공감합니다. 불행을 호소하며 찾아오는 사람들의 사연은 참으로 다양합니다. 아마도 톨스토이가 《안나 카레리나》의 첫 문장을 "행복한 가정은 모두 서로 닮았고, 불행한 가정은 저마다의 이유로 불행하다."라고 시작한 것도 같은 맥락일 것입니다.

다행히도 저자는 이 통념 바이러스를 치유할 백신을 제시합니다. 각 장의 제목과 꼭지의 제목은 우리가 당연하게 믿어 왔던 결혼의 통념을 조용하지만 분명하게 깨뜨립니다. 마치 얼음을 깨는 방식과도 같습니다. 망치로 내리치면 파편만 튀고 얼음은 쉽게 깨지지 않지만, 예리한 송곳으로 톡톡 두드리면 의외로 쉽게 갈라집니다. 이 책이 바로 그런 방식으로 독자의 생각을 깨웁니다. 읽기 쉽고 편안하지만, 동시에 날카롭고 정확합니다. 오랜 시간 가정사역과 상담 현장에서 쌓아 온 저자의 경험과 통찰이 책 곳곳에 깊이 녹아 있기 때문입니다.

이 책을 읽는 것만으로도 우리가 무심코 받아들였던 통념의 얼음이 깨지고, 이미 우리 곁에 있던 행복을 새롭게 발견하게 될 것입니다. 그래서 이 책은 한 번 읽고 덮어 두기보다 삶의 길목마다 다시 펼쳐 보기를 권합니다. 혹시 어느 날 통념 바이러스 감염이 의심된다면 다시 읽으며 스스로를 치유하기 바랍니다. 그렇게 할 때 우리는 세상 속에 살아가면서도 휩쓸리지 않는 화이불류(和而不流)의 삶을 누리게 될 것입니다.

_엄정희(서울사이버대학교 가족코칭상담학과 교수, 북쌔즈 가족상담소 소장, 유튜브 〈Dr.Duck 결혼예비학교〉진행, 도서출판 북쌔즈 대표)

행복 바이러스 전파자가 되게 하는 책

남자와 여자가 한 몸이 되는 결혼의 신비는 하나님의 작품입니다. 하나님은 홀로 있는 아담이 안쓰러워 돕는 배필인 하와를 보내셨습니다. 둘이 함께 있는 모습은 하나님 보시기에도 좋았고 아담과 하와 당사자들에게도 큰 행복이었습니다.

우리는 그런 가정을 잘 지켜야 합니다. 작은 여우가 망칠 수 있기 때문이죠. 그 작은 여우가 결혼 통념 바이러스입니다. 그런 까닭에 이병준 대표는 부부백신을 만들었습니다. 부부 갈등이 심각한 부부에게는 응급치료용으로, 보통의 부부에게는 상비용으로, 결혼할 부부에게는 예방용으로 유용합니다. 어떤 경우든 항체가 형성되어 이전보다 더 행복하게 살아갈 수 있게 합니다.

이 책은 결혼 통념 바이러스가 무엇인지 여러 사례를 통해 이해가 쉽도록 알려줍니다. 더 나아가 어떻게 퇴치하는지도 알려줍니다. 불행을 행복으로 바꾸는 스위치인 부부행복백신도 처방합니다. 그러니 이 책을 읽노라면 통념 바이러스 보균자에서 행복 바이러스 전파자로 바뀔 것입니다.

_임광 (꽃동산교회 목사)

결혼생활의 무기력을
떨쳐버리게 하는 책

저는 오랫동안 무기력에 대한 연구와 상담, 집필을 해 왔습니다. 많은 부부가 사랑하지 않아서가 아니라, 치유되지 않은 상처와 잘못된 기대로 야기된 무기력의 늪에 빠져 데면데면 살아갑니다. 이병준 박사의 《부부백신》은 바로 그런 부부들에게 필요합니다. 제가 《아무것도 하기 싫은 당신에게》에서 말했듯, 무기력에서의 회복은 거창한 결심이 아니라 작은 인식의 전환에서 시작되고, 인식의 전환은 기존의 통념을 깨고 새로운 통찰력을 얻을 때 일어납니다. 그래서 이 책은 결혼생활의 무기력에 빠진 이들에게는 활력을 주고 결혼생활을 시작하려는 이들에게는 예리하면서도 따뜻한 안내서가 될 것입니다.

_나명진 (《아무것도 하기 싫은 당신에게》 저자, 무기력연구소 소장)

결혼 통념 바이러스를
퇴치하자

✦ ✦ ✦

　결혼을 망가뜨리는 것은 갈등이 아니라 갈등을 해석하는 통념이다. 통념(通念)은 일반 사회에 널리 퍼져 있는 생각으로 선입견, 스테레오타입, 고정관념, 인지적 오류, 편견과 망상, 결혼의 환상(Fantasy)이라는 말과 비슷하다. 교류분석(TA)의 창시자 에릭 번(Eric Berne)의 이론으로 보면 인생 각본(life script)에 의한 것이다. 인생 각본이란 어린 시절에 만들어진 무의식적인 인생 설계도이다. 그래서 우리는 자신이 생각하여 선택한다고 믿지만 사실은 주어진 각본대로 익숙한 결말을 반복하며 살아간다. 이처럼 사람은 사회와 문화, 정치와 종교에 의해 자기도 모르게 통념 바이러스 보균자가 된다. 따라서 기혼자든 미혼자든 우리 모두에겐 치유 백신이 필요하다.

철학자와 종교인 중에는 통념 바이러스가 우리를 감염시킨다는 사실을 일찍이 간파한 사람들이 더러 있었다. 그중《행복으로의 초대》저자 앤서니 드 멜로 신부는 불행의 원인이 고독이나 억압, 전쟁이나 증오, 혹은 무신론 같은 외적 조건에 있지 않다고 말한다. 그는 우리가 불행하게 사는 진짜 이유를 머릿속에 자리 잡은 그릇된 믿음, 즉 잘못된 통념에 있다고 말한다. 이 바이러스가 자신과 세상을 왜곡해서 보게 만들었고 전통과 문화, 사회와 종교, 교육을 통해 그것을 의심 없이 믿도록 세뇌했으며 문제의 원인을 자신에게서만 찾거나 상대방을 탓하도록 만들었다고 하였다. 드 멜로 신부가 말하는 통념 바이러스 감염 증상은 네 가지다.

첫째, 소유가 곧 행복이라는 믿음.
둘째, 행복은 미래에 있다는 생각.
셋째, 상황과 사람을 바꾸면 행복해질 수 있다는 확신.
넷째, 모든 욕망이 충족되면 행복해질 것이라는 기대.

필자는 25년이 넘는 시간 동안 가정사역 기관과 상담 현장에서 통념 바이러스에 감염된 수많은 부부를 만났다. 이혼하겠다, 별거하겠다, 못 살겠다, 힘들어 죽겠다, 저 사람은 사람이 아니다, 내가 내 발등 찍었다, 결혼 자체가 불행의 시작이었다, 내 인생 최대의 실수는 저 인간을 배우자로 선택한 일이었다, 내 자식만큼은

나 같은 결혼을 하지 말라고 뜯어말리겠다는 등 온갖 볼멘소리와 결혼은 미친 짓이다, 결혼해서 골치 아프게 사느니 차라리 혼자 인생을 즐기며 살겠다, 이번 생은 망쳤다, 다시 태어나면 절대 결혼 같은 건 하지 않겠다는 등 온갖 허튼소리를 들었다. 다들 자기 소신처럼 말하고 있지만 실은 인생 각본에 의한 통념 바이러스 감염 증상이다. 볼멘소리를 하는 사람들은 결혼을 너무 부정적으로만 말할 위험이 크고 허튼소리를 하는 사람들은 결혼이 주는 특별한 경험과 풍성한 행복을 감내하기 어려운 고통이나 무거운 짐으로 여길 위험이 크다.

인류 역사에서 창궐했던 수많은 전염병은 바이러스에 의한 것이었다. 그 바이러스 퇴치는 백신을 통해서였다. 그래도 여전히 신종 바이러스의 출현은 우리를 속수무책으로 만든다. 이미 우리는 코로나 팬데믹을 통해 기존에 없던 신종 바이러스가 우리에게 얼마나 처절한 영향을 미쳤는지 뼈저리게 경험하였다. 미래엔 코로나 보다 더한 팬데믹을 예견하는 사람도 적지 않다. 그런데 인류의 시작과 함께 인류를 불행하게 만들었던 결혼 통념 바이러스에 대한 경각심은 크지 않다. 대부분이 다 감염되었으니 감염되었다는 사실 자체도 몰랐을 것이다. 결혼 통념 바이러스는 인류의 역사에서 지역과 인종, 종교와 체제를 가리지 않고 인류를 감염시켜 왔고 지금도 여전히 맹위를 떨치고 있다.

이에 필자는 그 바이러스를 퇴치할 자가 치유 백신을 책으로 만들었다. 많은 사람이 동시에 치유의 혜택을 입으려면 저렴하면서도 효과가 탁월해야겠기에 누구든지 읽기만 해도 치유는 물론 심리적 항체가 형성되게 하였다. 이 백신은 이미 심각하게 감염된 사람을 고치는 치유 백신임과 동시에 아직 경미하게 감염된 사람들을 더 악화되지 않게 지켜주는 유지 백신이다. 또한 기혼자로서 "살어? 말어?"의 갈림길에 선 사람에겐 방향과 결단을 도와줄 진단 백신이다. 특히, 결혼을 앞두고 있다면 이 책으로 예방 접종을 하기 바란다. 결혼 연차가 얼마가 되었든 반드시 읽어 자신의 결혼을 되돌아보기를, 갓 결혼했다면 2차, 3차 접종으로 확실한 항체를 형성하고 결혼 생활을 행복으로 엮어가기를 바란다.

1 | 결혼이 불행 끝, 행복 시작일까?

2 | 배우자는 나의 부족한 부분을 완벽히 채워줄까?

3 | 결혼하면 둘이 하나가 될까?

4 | 행복한 부부는
정말 안 싸울까?

5 | 결혼 후엔
세월만큼 원숙해질까?

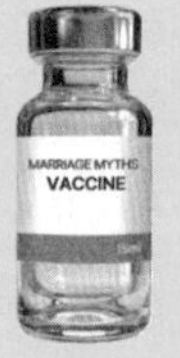
MARRIAGE MYTHS
VACCINE

1

결혼이 불행 끝,
행복 시작일까?

우리는 행복을 상징하는 파랑새를 찾아 멀리 떠나지만 정작 그 파랑새가 처음부터 집 안에 있었다는 이야기를 잘 알고 있다. 그럼에도 결혼에 대해서는 여전히 같은 착각을 반복한다. 결혼만 하면 불행은 끝나고 행복이 시작될 것이라 기대하고, 결혼한 왕자와 공주는 평생 행복했을 것이라는 동화 같은 환상을 품는다. 그러나 현실의 결혼은 행복을 찾아 떠나는 여행이 아니라 이미 곁에 있는 관계를 새롭게 바라보는 능력을 요구하는 삶이다. 결혼이 기대를 충족시켜 주지 못할 때 사람들은 배우자와 제도를 의심한다. 그러나 가장 큰 이유는 잘못된 기대다. 오히려 위기와 고난은 관계를 깨뜨리기보다 부부를 더 단단히 결속하기도 한다.

나의 소원은
이혼?

＊ ＊ ＊

아주 오래전 사)지구촌가정훈련원의 부부행복학교 워크숍 첫 수업 중 별칭 짓는 시간에 한 아내가 남편을 '불끝', 자신을 '행시'로 하겠노라고 했다. 불행 끝, 행복 시작의 의미라고 했다. 별칭은 스스로 붙이는 이름이라 자신의 간절한 바람이나 바람직한 부부상(像)을 그린다. 그렇다면 그동안의 결혼 생활이 얼마나 힘겨웠을까? 얼마나 행복을 염원했으면 그런 별칭을 만들었을까? 그녀는 억척스럽게 살아온 지난 세월을 말한 후에 최근 몇 년 동안 부르는 인생 주제가가 있다며 구성지게 노래를 불렀다.

"나의 소원은 이혼, 꿈에도 소원은 이혼, 막내 대학 가면 이혼, 이혼이여 오라. 이 몸을 살리는 이혼, 이 마음 살리는 이혼, 이혼이여 어서 오라. 이혼이여 오라!”

이 노래는 버거웠던 결혼 생활의 폭로이자 그 원인이 전적으로 남편에게 있다는 분노에 찬 선언이었다. 사연을 들어보니 그럴만한 개연성이 충분히 있었다. 그러나 상담자의 눈으로 보면 그 사연 또한 많은 부부에게서 발견되는 보편적인 갈등이었다. 다만, 그것을 확대 해석하게 만든 결혼 통념 바이러스 감염이 문제였다.

부부행복학교 교육 과정을 통해 그녀는 자신과 배우자를 이해하기 시작했다. 자신과 남편의 어린 시절과 원가정에서의 가족 역할을 탐사했다. 교육의 내용은 충분한 이해를 낳았고 충분한 이해는 용납을 낳았다. 용납은 공감을 낳았고 공감은 수용을 가져왔다. 그러는 사이 마침내 결혼 통념 바이러스는 퇴치되었다.

그녀는 통념 바이러스를 퇴치한 후 ‘결혼 관계 안에 머무르기’를 선택하였다. 이혼을 꿈꾸며 살았다는 것은 늘 관계 밖에 머물렀다는 뜻이었다. 이제 그녀는 남편이 어떤 사람이든 그 남자가 자기 남편이라는 냉정한 현실을 받아들였고 그 안에서 행복을 찾아 누리기로 결심했다. 크고 작은 갈등도 여러 번 있었고 누적된 감정의 폭발로 별거를 선언하고 딸들의 전폭적 지지 아래 몇 개월 시위(?)를 실행으로 옮긴 적도 있었다. 그래도 관계 안에 머무르는 선택을 끝까지 포기하지 않았다.

이제 그녀는 문제를 문제로만 보지 않는 여유와 어색하고 불편한 관계를 지혜롭게 풀어내는 지혜를 발휘하는 사람이 되었다. 얼굴에는 억지로 만든 표정 대신 내면에서 우러난 여유가 드러난다.

얼굴이 얼(정신)의 울타리라는 뜻이니 그녀의 얼굴은 치유된 내면을 증언하고 있다. 통념 바이러스에 감염되어 살았던 사람이 이제는 행복 바이러스를 퍼뜨리는 사람이 되었다.

본래 노래를 잘하고 노래 부르기를 좋아했던 그녀는 이제 많은 이들에게 노래로 행복 바이러스를 전파하고 있다. 몸과 마음에 항체가 형성되어 있는 한 그녀는 두 번 다시 통념 바이러스에 감염되지 않으리라 확신한다.

부부행복백신 : 머무름

관계 밖을 꿈꾸기보다 관계 안에서 살아가라.

교도소와
수도원의 차이

+ + +

    사람들은 어릴 때부터 결혼에 대한 환상을 주입받는다. 그러다 막상 결혼하고 나면 그 환상이 허구였음을 깨닫고 깊이 절망한다. 그리고 평생 배우자를 바꾸려 하거나, 팔자나 운명으로 여기고 인생을 체념하거나, 일이나 종교, 취미나 자식 같은 명분의 탈출구를 만들어 그곳으로 도피한다. 그래서 평생 결혼 생활을 하고도 정작 결혼이 무엇인지 모른 채 살아간다.

    여성 가족 치료사 버지니어 사티어(Virginia Satir)와 부부 이마고 치료(IMAGO couple therapy)의 창시자 하빌 핸드릭스(Harville Hendrix)는 어림잡아 95%가 넘는 사람들이 이런 식으로 살다 죽는다고 했다. 불행한 결혼은 남편과 아내 두 사람에게 궁극적인 이유가 있겠지만 그 배경에는 자신도 모르게 주어진 인생 각본, 어려서부터 주입된 결혼 통념도 적지 않다. 동화와 드라마 속 결혼은 늘 분홍빛이었지만 현실의 결혼은 그렇지 않다. 아이러니하게도 분홍빛만 있는 결혼 역시 오래 지속되지 못한다. 삶이 다양하듯 결혼도 다양한 색을 포함해야 건강하다.

같은 결혼 생활도 관점에 따라 누구에게는 교도소일 수 있고 누구에게는 수도원일 수 있다. 그렇다면 교도소와 수도원의 결정적인 차이는 무엇일까? 교도소는 들이받는 사람들로 가득하나 수도원은 받아들이는 사람들로 가득하다. 교도소는 충돌의 공간이지만 수도원은 자발적 수용의 공간이다. 그래서 교도소에는 분노와 적대, 억울함과 후회, 미래에 대한 불안이 있지만, 수도원에는 온화함과 감사, 그리고 '지금 여기'를 누리는 즐거움과 평안이 있다.

사용하는 언어도 정반대다. 수도원에는 감사와 배려의 언어가 일상이지만, 교도소에는 불평과 원망, 저주와 욕설, 서로를 (칼로) 베려 하는 언어가 난무한다. 교도소에서는 형벌로 시간을 소모하나 수도원에서는 영성으로 시간을 채운다.

외부 환경만 보면 두 곳은 놀라울 만큼 비슷하다. 출입의 자유가 제한되고 생활공간은 좁으며 일과는 엄격히 통제되고 소유와 표현의 자유도 거의 없다. 냉정히 보면 오히려 수도원의 환경이 더 열악하다. 그럼에도 수도원에 평안이 있는 이유는 단 하나, 스스로 머물기를 선택했기 때문이다. 수도원은 의미를 가지고 자발적으로 머무는 곳이고, 교도소는 떠나고 싶은데 억지로 머무는 곳이다.

결혼도 마찬가지다. 많은 부부가 교도소에 갇힌 죄수처럼 살고 있다. 몸은 함께 살고 있지만 마음은 이미 관계 밖으로 탈출해 있다. 이마고 치료의 창시자 하빌 핸드릭스는 이것을 탈출구(exit)란 용어로 설명한다. 탈출구란 관계 안에서 느끼는 불편과 상처, 갈등과 친밀함의 두려움을 정면으로 마주하지 않고 심리적·정서적으로 빠져나가려는 회피 행동이다. 일중독이 되거나, 종교에 빠지거나, 자녀에게만 오롯이 집중하거나, 취미에 빠지거나, 휴일에 TV만 보고 있거나, 각종 중독에 빠지거나 하는 것들 외에도 헤아릴 수 없이 많은 탈출구가 있다. 이것이 반복될수록 부부간 친밀감은 사라지고 배우자는 고립되고 관계는 껍데기만 남는다.

그러나 결혼 관계 안에 머무르기를 선택한 사람은 같은 환경 속에서도 수도원의 평안을 누린다. 행복은 어디에 있느냐보다 왜 거기에 머무느냐에 달려있다. 결혼을 감옥으로 만드는 것은 환경이 아니라 '억지로 머무는 마음'이고 그 결혼을 수도원으로 바꾸는 힘은 '자발적으로 머무는 선택' 이다.

가정을 수도원으로 만들고 그 안에 머물기를 선택하라.

머물기를 선택한
평강공주

온달 신드롬이라는 말이 있다. 보통의 남자가 탁월한 여성과의 결혼을 기점으로 자신의 운명을 바꾸려는 무의식적 욕망을 말한다. 보통의 여자가 그렇게 되기를 바라는 신데렐라 신드롬의 남자 버전이다. 이처럼 많은 사람은 결혼을 인생 역전의 기회로 여기며 지금보다 더 나은 삶으로 올라서기를 무의식적으로 기대한다. 이것 또한 결혼 통념 바이러스의 대표적인 감염 증상이다.

그런데 왜 평강공주는 하향 지원(?)을 했을까? 평강공주의 결혼은 단순한 러브스토리가 아니라 '머무름의 결단'이었다. 그녀는 환경이 아니라 의미를 선택했고 한 사람의 현재가 아니라 가능성과 본질을 보았다. 온달을 존재 자체(Being)로 바라본 것이지 동정으로 선택한 것이 아니었다. 세상이 본 온달은 가난하고 무능한 남자였지만 공주가 본 온달은 잠재력과 착한 성품을 가진 인물이었다. 왕궁을 떠난 선택은 하향 결혼이 아니라 자신이 믿는 가치 안에 머무르기로 한 결단이었다.

평강공주 이야기는 사람은 존중받는 만큼 성장한다는 사실을 보여주는 사례다. 그녀의 믿음은 온달의 잠재력을 깨웠고 방치된 인생을 사명 있는 삶으로 끌어올렸다. 이는 배우자를 바꾼 것이 아니라 관계 안에 머무르며 사람을 새롭게 해석한 결과였다. 평강공주가 그랬듯 기혼자는 지금 나와 함께 살고 있는 사람이 곧 나의 배우자라는 사실부터 냉정히 받아들여야 한다. 같은 공간에 있어도 마음이 관계 밖에 나가 있으면 이미 정서적 이혼 상태다. 행복은 환경이 아니라 관계 안에 머무르려는 선택에서 시작된다.

일본에는 코이(錦鯉)라는 잉어가 있다. 이 물고기의 크기는 유전보다 환경에 더 크게 영향을 받는다. 작은 어항에서 기르면 어항 크기에 맞춰 자라고 연못에 옮기면 더 커지고 강이나 넓은 호수에 풀어놓으면 1미터가 넘는 크기로 자란다. 같은 종인데도 어떤 공간에 머무느냐에 따라 성장의 한계가 달라진다.

사람도 크게 다르지 않다. 인간은 혼자 있을 때보다 관계 안에 있을 때 더 크게 자란다. 결혼은 두 사람이 서로를 제한하는 제도가 아니라 서로의 성장을 돕는 제도다. 문제는 많은 부부가 결혼을 좁은 어항처럼 사용한다는 데 있다. 상대를 통제하고 규정하고 평가하고 단죄하면서 관계를 점점 축소한다. 그러면 사람도 딱 그 크기만큼만 자란다. 반대로 존중과 신뢰가 있는 결혼은 큰 호수와 강이 된다. 그 안에서 부부는 마음껏 헤엄치는 존재가 된다.

　　조력자(Helper)는 상대의 인생을 대신 살아주는 사람이 아니다. 오히려 배우자 스스로 자기 능력을 증명하게 돕는다. '오늘'이 마음에 들지 않더라도 '과정'을 존중하기에 변화를 재촉하지 않고 타인과 비교하지 않으며 실패를 이유로 빨간딱지를 붙이지 않는다. 대신 깊은 사고와 현명한 선택을 유도하는 질문을 하고 넘어졌을 때는 손을 내밀어 다시 일어설 시간과 공간을 마련해 준다. 사람은 지적당할 때 위축되지만 신뢰받을 때 넓어지고 깊어진다. 배우자를 바꾸려는 조급함을 내려놓고 함께 머무르며 배우자가 성장할 시간을 견뎌 주는 것이 결혼이 가진 아름다운 기능 중 하나다.

> **부부행복백신 : 조력자**
>
> 배우자를 제한하지 말고 그(녀)의 성장을 도와주어라.

머물기를 거부한
선녀

전래동화 〈나무꾼과 선녀〉에서 선녀는 왜 나무꾼을 떠났을까? 선녀는 어쩔 수 없는 나무꾼과의 결혼으로 자식 셋을 낳아 키우는 동안 단 한 번도 나무꾼의 아내이기를 선택한 적이 없었다. 즉 선녀는 나무꾼과의 결혼 관계 안에 머물지 않았다. 그녀는 늘 천상으로의 복귀를 꿈꾸었다. 날개옷이 없어 못 갔을 뿐이었다. 나무꾼은 그 모습을 보며 늘 불안했다. 언젠가는 떠날 사람이라는 사실을 직감하고 있었기 때문이다. 선녀는 해가 갈수록 날개옷 타령을 더 처량하게 하였고, 그 모습을 불쌍히 보았던 나무꾼은 측은지심이 들어 한 번만 입어보라며 날개옷을 건네주었다. 나무꾼으로부터 날개옷을 건네받은 선녀는 어떤 마음이었을까?

'어라? 이것 봐라. 이 인간이 날개옷을 왜 가지고 있지? 그렇다면 날개옷을 훔친 놈이 이 인간이었어? 세상에! 어쩐지 나타난 타이밍이 절묘하더라니. 그렇게 친절을 가장해 나에게 접근해서 나를 자기 마누라로 만들었다는 거네. 와! 이 인간에게 완전히 속았네. 이런 인간 때문에 내 인생 완전히 망쳤다니 분하다 분해.'

나무꾼이 숨겨두었던 날개옷을 돌려받았을 때 선녀는 그동안의 퍼즐이 맞춰지는 걸 느꼈다. 왜 자신이 여기까지 오게 되었는지, 왜 돌아가지 못했는지, 누가 자신의 운명을 붙잡아 두었는지를 깨닫는 순간 배신감과 허탈감으로 분노했을 것이다. 마음씨 착한 사람인 줄 알았는데 실은 자신의 날개를 꺾어버린 장본인이었다는 사실을 알게되자 선녀에게 이 땅에서의 삶은 더 이상 의미가 없었다. 그녀는 일말의 주저함도 없이 아이들을 안고 천상으로 올라가 버린다. 행복하지 않았던 결혼은 떠날 기회만 있으면 미련 없이 끝난다.

만약 선녀가 나무꾼과의 관계 안에 머물기를 선택했다면 이야기는 완전히 달라졌을 것이다. 환경이 불리했더라도 그 안에서 부부의 정과 인생의 의미를 발견했다면 날개옷을 찾으려는 집착 자체가 생기지 않았을 것이다. 떠나고 싶은 마음이 없는데 굳이 날개옷을 찾을 이유가 무엇이겠는가. 그녀는 내면화를 통해 그 삶을 받아들이고 행복하게 살기를 선택했을 것이다. 선녀를 불행하게 만든 것은 가난한 현실이 아니라 그 현실을 자기 삶으로 받아들이지 못한 마음이었고 그럴 수밖에 없었던 것은 남편 나무꾼의 미온적 태도도 있었을 것이다.

　오늘날 많은 여성이 중년기에 접어들면서 자신의 '날개옷 찾기'를 시도한다. 아이를 낳아 기르고 살아내는 데 모든 에너지를 쏟다가 어느 정도 책임을 다했다고 느끼는 순간, 이제는 자신을 위해 살고 싶다는 욕구를 분출한다. 이것 자체는 자연스러운 심리다. 그러나 그 동기가 현재의 결혼 생활에 대한 부정과 탈출 욕망으로 연결될 때 문제는 심각해진다. 처녀 시절의 나, 더 괜찮았던 나, 더 빛났던 나를 되찾겠다는 마음이 선녀의 천상 회귀 심리와 닮아있기 때문이다.

부부행복백신 : 수용

떠날 이유를 찾기보다 머물 이유를 찾아라.

나쁜 남자 나무꾼과
좋은 남자 온달

✦ ✦ ✦

나무꾼은 선녀로 하여금 일말의 망설임도 없이 천상으로 올라가게 만든 결정적 주체였다. 선녀는 천상에서 내려온 존재였고, 결혼 이후 그녀는 나무꾼의 가난한 집안을 일으켜 세웠다. 서은아의 박사논문 〈나무꾼과 선녀의 인물 갈등 연구, 2005〉에 의하면 선녀는 음식점을 열어 생계를 안정시켰고 나무꾼은 하루아침에 가난뱅이에서 부자로 전환된다. 천상의 음식을 먹을 수 있다는 소문이 돌자 식당은 식객들로 문전성시를 이루었다. 그 변화는 오롯이 선녀의 능력 덕분이었다. 더 이상 나무하러 갈 필요가 없게 된 나무꾼에게 선녀는 남편으로서 더 높은 삶의 수준으로 올라서기를 권유한다.

"당신도 이제 글공부를 시작하시오."

이 말은 막연한 조언이 아니라 삶의 수준을 함께 끌어올리자는 초대였다. 천상녀의 남편이라면 천상녀의 수준으로 올라오라는 요청이었고 동등한 인격체로서 함께 행복을 누리자는 권유였다. 그러나 나무꾼은 변화를 거부했다. 도전하기를 포기한 대신 그는 안락의 늪에 빠져 날마다 방바닥에 엑스레이를 찍어대는 삶을 선택했다. 물론 나무꾼은 사슴을 구해줄 정도로 착한 심성의 사람이다. 그런데 착한 사람들의 고질적인 약점은 경직된 사고와 낮은 실천력이다. 함께 사는 사람은 속이 터진다. 선녀가 본 나무꾼 역시 바로 그런 유형이었다. 정서적 교류도, 가치에 대한 대화도, 존재로서의 만남도 없이 오직 안일함과 생물학적 욕구에만 머무는 남편 나무꾼에게 선녀는 점점 환멸을 느꼈을 것이다.

결국 나무꾼은 선녀와 결혼하고도 그 관계 안에 머물기를 거부한 사람이었다. 융의 심리학으로 보면 그는 아내를 한 인격체로 만난 것이 아니라 자신의 욕구를 채우기 위한 수단으로 삼았다. 날개옷은 선녀의 정체성과 능력을 상징하는 물건이었고 그것을 훔쳤다는 것은 그녀의 존재 가치를 박탈하고 자신의 필요에만 적합하도록 수단화했다는 뜻이다. 남편이 목적이고 아내는 수단이 된 결혼과 아내가 목적이고 남편이 수단이 된 결혼은 처음부터 파국을 향해 가는 구조다.

반면 온달은 전혀 다른 길을 걸었다. 그는 평강공주와의 결혼을 통해 자신의 한계를 뛰어넘는 노력을 쏟았다. 아내의 권유를 거부하지 않았고 자신의 부족함을 인정하며 배움을 받아들였다. 최고 신분인 공주의 수준에 도달하기 위해 글을 배우고 무술을 익히며 자신을 성장시켰다. 바보 온달에서 장군 온달로의 변화는 평강공주의 설계였지만 그 설계도를 따라 자신의 인생을 지은 사람은 온달 자신이었다.

하늘 출신의 선녀와 왕궁 출신의 공주는 최고의 신분과 능력자를 상징한다. 상대적으로 나무꾼과 바보 온달은 가장 부족한 사람을 상징한다. 일반적으로는 이뤄질 수 없는 조합이다. 두 부부의 결정적 차이는 배우자의 능력이 아니라 결혼 관계 안에 머물며 변화를 수용했느냐와 거부했느냐에 있었다. 나무꾼은 좋은 배우자를 얻었음에도 자신의 변화를 거부했으나 온달은 좋은 배우자를 만나 변화하기를 선택했다. 그래서 전자는 관계도 인생도 모두 실패했고 후자는 관계와 인생 모두 성공했다.

결국 나뭇꾼과 온달 이야기에서 좋은 남자와 나쁜 남자의 기준은 성품의 특성, 인격적 특성, 능력의 유무가 아니라 아내의 말을 듣고 행동으로 옮기느냐 않느냐의 차이다. 결혼 관계 안에 머물지 않으면 나쁜 남자이고 결혼 관계 안에 머물면 좋은 남자다.

부부행복백신 : 성장

변화를 거부하지 말고 배우고 익혀 더 많이 성장하라.

위기를 기회로 바꾼
중년기의 선녀와 나무꾼

선녀가 천상으로 올라가 버린 후 나무꾼의 삶은 원점으로 돌아온다. 화려했던 모든 것을 잃는다. 선녀가 운영하던 사업은 음식점이었고 천상 출신의 선녀가 만드는 음식은 지상 어디에서도 볼 수 없는 특별한 것이었다. 문전성시를 이루었던 음식점은 선녀가 떠나버리자 이내 망할 수밖에 없었다. 나무꾼이 평소에 주방에서 어깨너머로라도 배웠다면 어설픈 흉내라도 냈을 테지만 방바닥에 엑스레이를 찍어대던 셔터맨이 천상의 레시피를 알 리가 없었다. 더구나 선녀가 아이들까지 모두 데리고 떠나버렸으니 그는 하루아침에 궁상맞은 홀아비에 알거지가 되었고 다시 지게를 지고 산으로 나무하러 갈 수밖에 없는 처지로 전락한다.

완전히 바닥을 치고 나서야 나무꾼은 이 모든 비극의 원인 제 공자가 자기 자신임을 깨닫는다. 선녀가 수없이 공부를 권유했고 식당에 와서 음식을 배워보라고 했음에도 그는 듣지 않았다. 애초에 사슴이 네 명의 자식을 낳을 때까지 날개옷을 돌려주지 말라고 신신당부했음에도 귀담아듣지 않았다. 이것이 바로 생각의 게으름이다. 생각의 게으름이란 복잡한 현실을 끝까지 이해하려는 노력을 생략하고 빠른 결론과 익숙한 해석으로 사고를 단순화하며 불편한 감정이나 책임을 피하기 위해 무의식적 방어기제를 동원하는 인지적 회피 상태를 말한다.

자기 잘못을 깨닫긴 했으나 생각의 게으름과 무기력의 늪에 빠진 나무꾼은 여전히 자기 문제를 스스로 해결하지 못한다. 고맙게도 그때 또 사슴이 구원자로 나타나 그간의 이야기를 들은 후에 유일한 회복의 길을 알려준다. 선녀가 있는 천상으로 가려면 보름날 밤에 하늘에서 내려오는 두레박에 올라타라는 것이었다. 천상행 밀항선이었다. 인간이 감히 오를 수 없는 세계로의 모험이었지만 그는 결국 그 길을 택한다. 이것이 나무꾼의 첫 '머무름의 선택'이었다. 자기가 싫다며 떠난 선녀가 환영해 준다는 보장은 어디에도 없었다. 나무꾼의 천상 행 소식을 들은 선녀가 분노하여 밧줄을 자르려 했다는 연구(서은아, 2005)에서도 이것을 증명한다. 그러나 자식들이 아버지를 변호하며 어미를 막아선다.

"아무리 미운 남편일지라도 우리에겐 하나뿐인 아비요."

선녀 역시 천상에서 서슬 퍼런 현실을 맞는다. 돌아가면 명예를 회복할 줄 알았으나 실상은 그 반대였다. 오히려 집안을 욕되게 한 존재로 낙인찍힌다. 천상 시민들은 그녀를 더 이상 선녀가 아닌 '나무꾼댁'이라 불렀다. 여자의 입지가 남편의 수준과 연결되어 있음을 깨닫는 순간이었다. 그 현실을 직시한 후에야 선녀는 비로소 천상과 지상을 통틀어 그나마 내 편이 될 수 있는 사람은 나무꾼뿐이라는 불편한 진실을 받아들인다. 결국 그녀는 결단을 내린다. 남편을 받아들이고 '관계 안에 머물기'를 선택한 것이다. 그리하여 천상으로 올라오는 나무꾼을 기쁨으로 맞는다.

천상으로 올라온 나무꾼은 처가 식구들에게는 눈엣가시였다. 그 아리땁고 똑똑하고 장래가 촉망되던 딸(누이)의 신세를 하루아침에 '조져버린' 나쁜 놈이었다. 그나마 지상에서 인물과 학식, 부와 명예를 가졌다면야 조금이라도 인정해 줄 수 있겠지만 가장 못나고 무식하고 가난하기 짝이 없는 그런 사위를 달갑게 맞이할 리 없었다. 이에 장인은 천상에서 살려면 천상 시민의 자격을 갖춰야 한다며 천상 시민 통과 시험을 제시한다. 그 시험은 나무꾼의 능력으로는 수행 불가능한 것들이었고 비약하면 "그냥 나가서 뒈져라!"라는 고약한 말이었다.

그런데 선녀로선 그나마 유일한 내 편이 허무하게 죽는다면 세상 어디에도 내 편이 없어지는 일이었다. 게다가 천상은 선녀의 영역이었고 자기의 능력을 충분히 발휘할 수 있는 곳이었다. 그래서 나무꾼이 수행해야 할 모든 과제마다 선녀는 나무꾼이 반드시 해야 할 것과 절대 하지 말아야 할 것에 대한 구체적이고 명확한 지침을 주며 아내로서 내조한다. 지상에서는 선녀의 말을 지독히도 듣지 않았던 나무꾼이었지만 천상에서는 달랐다. 그도 그럴 것이 선녀의 말을 듣지 않는 결과는 바로 죽음이었다. 천상에 이르러서야 선녀의 본격적인 내조를 받아들인 것이다.

선녀의 상세한 정보와 구체적인 도움을 받은 나무꾼은 장인어른이 제시한 천상 시민권 자격 획득 시험을 하나씩 통과한다. 그런 과정이 반복되는 동안 나무꾼은 이전의 무식하고 무능한 존재가 아니라 유식하고 탁월한 존재가 되었고 마침내 천상의 어떤 남자보다 유능한 주체로 변모한다. 그것은 오롯이 선녀의 내조 덕분이었고 선녀의 말을 듣고 시행한 나무꾼의 행동력 덕분이었다. 그렇게 되었을 때 천상에서는 누구도 나무꾼과 선녀 부부를 해하지 못했다.

선녀가 떠나버린 세상은 나무꾼에게 위기였고 화려한 부활을 기대했던 선녀에게 천상은 새로운 위기의 장소였다. 위기를 만난 후에야 선녀와 나무꾼은 자신의 잘못된 생각과 태도를 인정할 수 있었고 상황을 냉정하게 인식할 수 있었으며 공동의 위기를 서로 협력하여 극복하였다. 비로소 진짜 부부가 된 것이다.

위기를 새로운 기회로 바꾸라.

이도령과 성춘향,
로미오와 줄리엣의 공통점

"그리하여 왕자와 공주는 마침내 결혼했습니다."

대부분 동화는 이런 식으로 결혼을 해피엔딩으로 삼는다. 조금 더 친절한 동화는 이렇게 덧붙인다.

"마침내 결혼하여 오래오래 행복하게 살았답니다."

그러나 동화의 마지막 문장을 현실로 옮겨 놓고 질문해 보자. 왕자와 공주는 정말 평생 행복했을까? 중년과 노년에 이르러서도 여전히 사랑의 열정이 불꽃처럼 피어올랐을까? 사랑의 삼박자를 열정(passion), 친밀감(intimacy), 헌신(commitment)이라고 할 때 열정이 시작된 사람이 친밀감을 거쳐 헌신으로 이어지는 그 순서를 지켜갈 수 있었을까?

왜 세계 여러 나라에는 로미오와 줄리엣, 이도령과 성춘향, 알라딘과 자스민 공주 같은 비슷한 구조의 사랑 이야기가 등장할까? 융(Jung)은 이것을 인간 마음속에 존재하는 원형(Archetype)이라 불렀다. 융에 의하면 문화와 시대가 달라도 이야기 구조가 비슷한 이유는 인간의 무의식 속에 공통된 감정 패턴이 있기 때문이다. 그 대표적인 구조가 바로 '금지된 사랑'이다.

이들의 사랑이 강렬해졌던 심리학적 이유는 반동효과에 있다. 자유가 제한되거나 금지될수록 그 대상에 대한 집착과 욕구가 더 커지는 현상이다. 미국 심리학자 잭 브렘(Jack W. Brehm)이 체계화한 개념으로 인간은 통제당하는 순간 자유 회복 본능이 작동한다는 설명이다. 로미오와 줄리엣 사랑의 핵심은 낭만이 아니라 금지였고 알라딘과 자스민 공주의 사랑도 마찬가지다. 신분과 권력의 장벽 속에서 피어난 성춘향의 절개 또한 사랑을 지키려는 동시에 자유를 빼앗기지 않으려는 저항이었다. 사랑해서 위험한 것이 아니라 위험하기에 더 사랑하게 되는 구조다.

그런데 이 서사가 결혼으로 이어졌다고 가정해 보자. 그 열정이 결혼 생활에서도 그대로 유지되었을까? 아마도 현실에서는 코피 터지게 싸웠을 가능성이 더 크다. 반동효과가 만든 사랑은 서로를 깊이 이해하고 연합한 결과라기보다 외부 억압에 맞서 강화된 집착이었기 때문이다. 이 사랑은 함께 살아가는 능력을 준비시키기보다 함께 버티고 맞서는 힘만 증폭시킨다. 결혼 이후에는 더 이상 맞서 싸울 외부의 적이 없다. 금지의 장벽이 사라지는 순간 사랑의 긴장과 에너지도 함께 사라진다. 그래서 연애 서사로는 아름답지만 결혼 서사로는 준비되지 않은 사랑이 되어버린다. 결국 중년에 이르러서는 열정 대신 무관심과 피로가 자리를 차지하고 암묵적인 휴전 상태로 데면데면 살아갈 가능성이 높다.

동화는 결혼으로 끝나지만 현실의 결혼은 그때부터가 시작이다. 연애의 성공이 곧 결혼의 성공을 보장하지는 않는다. 금지된 사랑은 불쏘시개 사랑이다. 강렬하나 그 불꽃이 오래 가지 못한다. 금지 속에서 타오른 사랑은 뜨겁긴 하나 함께 살아가는 동안의 지속적 연료가 되진 못 한다. 연애는 장애물을 뛰어넘는 힘을 시험하지만 결혼은 서로를 견디는 능력을 시험한다.

불꽃 같은 사랑보다 연탄불 같은 사랑을 하라.

중년 부부 이도령과
성춘향 이야기-불행편

✦ ✦ ✦

　중년이 된 이도령과 성춘향 부부는 어떻게 살았을까? 그들의 일상을 상상으로 각색해 보았다. 젊은 날의 불같은 사랑이 중년의 현실 속에서 통합되지 못한 부부의 모습은 이렇다.

　오늘 이도령은 관찰사 회합이 있다며 며칠간 집을 비울 것이라는 말을 퉁명스럽게 던진 뒤 뒤도 돌아보지 않고 나가버렸다. 그 모습을 바라보던 춘향은 이제는 너무 익숙한 장면이라는 듯 아무 일도 없다는 표정으로 배웅했다. 저 사람이 오늘도 회합 자리에서 기생들과 어울리며 추태를 부릴 걸 알지만 말릴 힘도, 따질 용기도 없다. 부아가 치밀지만 소용없는 일이다. 남자는 늑대라는 말이 괜히 나온 게 아니라는 생각이 든다.

방으로 들어온 춘향은 청동거울에 자기 얼굴을 비춰본다. 또렷하진 않아도 세월의 흔적은 분명했다. 주름이 깊어졌고 흰 머리카락이 늘어났다. 아들 셋과 딸 둘을 낳았으나 큰딸은 전염병으로 잃었다. 남편은 그 상실의 아픔을 아내에게 돌리며 원망했고 그날 이후 다정한 말을 거두어버렸다. 겉으로는 체면을 위해 함께 살긴 하나 마음은 이미 멀어져 있다.

요즘 남편의 눈에서는 더 이상 꿀이 흐르지 않는다. 짜증과 귀찮음만이 남아 있다. 원래 저런 사람이었을지도 모른다. 젊은 날 사랑이라는 환상에 취해 열정적인 모습으로 다가왔을 뿐임을 제대로 보지 못했던 내 책임이라는 생각이 밀려온다. 변 사또의 위협 속에서 목숨을 걸고 정절을 지키겠노라 다짐했던 일들이 이제는 허망한 추억처럼 느껴진다. 뜨겁게 타올랐던 사랑이 숯불조차 남기지 못한 채 식어버렸기 때문이다.

이도령과 혼인을 하고 신접살림을 시작할 때는 매일 깨가 쏟아질 거라는 생각을 했다. 사랑만 있으면 신분의 차이는 문제 될 것이 없다고 생각했었다. 그런데 막상 혼인하고 보니 개인과 개인의 만남이기도 하지만 집안과 집안의 만남이기도 했다. 이도령의 집안은 엄청난 부자에 명문가였지만 춘향은 기생이었던 어머니와 양반 사이에서 태어난 존재라 내세울 것이 아무것도 없었다. 이도령이 사랑으로 울타리 역할을 해 준다고는 하지만 역부족일 때가 많았다.

외부 환경은 그렇다 치더라도 막상 같은 공간에서 살을 맞대고 살다 보니 일거수일투족이 거슬리고 불편했다. 도무지 이해할 수 없는 구석이 너무 많았다. 사랑만 있다면 그 어떤 어려움이 와도 이겨낼 수 있겠다던 자신감은 어느새 사라지고 없었다. 그렇게 세월이 흘렀다. 이제는 분노도 애틋함도 무뎌졌다. 그저 인생이려니 하며 살아간다. 자녀들이 잘 출가해 가정을 이룬 후 손주를 보고 살다 늙어 생을 마감하는 것만이 남은 희망이 되었다.

부부행복백신 : 통합

과거형의 사랑 대신 현재진행형의 사랑을 추구하라.

중년 부부 이도령과
성춘향 이야기-행복편

오늘 이도령은 관찰사 회합이 있다며 며칠 집을 비울 것이라는 말을 조용히 전해주었다. 어디를 가든 미리 알려주는 남편이다. 춘향도 다정히 손을 흔들어 배웅하고 방으로 들어왔다. 오래 함께 살아온 부부의 익숙한 일상이다.

방에 들어온 춘향은 청동거울을 들어 자기 얼굴을 비춰보았다. 또렷하지는 않아도 세월의 윤곽은 분명히 드러났다. 얼굴에는 주름이 자리했고 흰 머리카락도 많아졌다. 그동안 아들 셋과 딸 둘을 낳았고 큰딸은 전염병으로 먼저 보냈다. 그 아이를 잃은 후 남편은 오랫동안 말을 아꼈고 부부 사이에도 깊은 침묵이 흘렀다. 그러나 세월은 그 상처를 덮었고 이제는 서로의 아픔을 굳이 말하지 않아도 알고 견디는 사이가 되었다. 이태 전 둘째의 혼례를 치렀고 연이은 혼례를 준비해야 하지만 생활이 안정되어 있음에 감사했다.

요즘 남편과는 예전처럼 불같이 애틋하진 않다. 눈에서 꿀이 흐르던 이도령의 눈빛에는 피곤함이 보이고 말투도 젊은 날처럼 달콤하진 않다. 그러나 춘향은 그것을 사랑이 식은 증거로 보지 않는다. 뜨거운 불이 지나간 자리에는 숯불이 남는 법이다. 나이가 드니 크게 바랄 것이 없다. 기대가 줄어드니 실망도 줄어들었고 대신 평범한 하루가 얼마나 소중한지 깨닫게 되었다. 곁에 있는 자녀들이 고맙고 주어진 삶 자체가 감사했다.

돌이켜보면 자신은 한때 목숨을 걸 만큼 뜨거운 사랑을 했던 여자였다. 그 사랑이 완전히 타올라 재가 되었기에 후회가 없다. 가장 아름다운 청춘의 절정에서 가장 찬란하게 피었던 꽃이었다. 지금은 그 꽃이 지고 열매가 익어가는 때이니 열매는 열매대로 좋다. 나이가 드는 것도 행복이라는 사실을 받아들이게 되었다. 춘향은 거울 속 자신에게 미소를 지으며 조용히 거울을 닫았다.

혼인 초기에 그녀는 사랑만 있으면 모든 차이를 극복할 수 있을 것이라 믿었다. 그러나 결혼은 개인의 만남이 아니라 집안의 만남이었다. 명문가와 천민으로 분류되는 기생의 딸이라는 집안의 차이, 생활 습관의 충돌, 서로 이해되지 않는 부분들이 끊임없이 드러났으나 그것을 문제로 확대하진 않기로 했다. 목숨을 걸일이 아니라면 '그럴 수도 있지' 하고 넘기기로 선택했다. 그 선택이 세월을 견디게 했고 관계를 지켜냈다.

중년이 된 지금 그녀는 행복이 거창한 데 있지 않고 사소한 것 속에 숨어 있음을 안다. 남편의 뱃살도, 자신의 주름도 자연스럽게 받아들일 수 있다. 마당에 핀 봉숭아를 바라보며 그녀는 문득 깨닫는다. 어린 시절 손톱에 물들이던 그 봉숭아처럼 인생도 한때 붉게 타오르지만 결국은 빠지고 사라진다는 것을. 그러나 흔적이 사라졌다고 그 시간이 헛된 것은 아니다. 그 시절이 있었기에 오늘의 자신이 있는 것이다.

적당히 나이가 들고 보니 아무렇게나 핀 꽃도 그저 예쁘기만 하다. 불같은 사랑이 지나간 자리에 수용과 감사가 자리 잡을 때 중년의 결혼은 평안이 된다. 젊은 날의 열정은 꽃이었고 중년의 수용은 열매였다.

부부행복백신 : 내 인생과 화해하기

꽃 같은 사랑은 열매로 익어가게 하라.

주변 사람도
나의 행복을 바란다

우리는 주변에서 혹은 방송에서 공개 청혼 장면을 자주 본다. 고급 식당이나 경기장에서, 연극의 막간이나 콘서트 무대에서 누군가가 청혼을 하면 사람들은 숨을 죽이고 그 순간을 지켜본다. 그리고 상대가 고개를 끄덕이며 받아들이는 순간 모두가 환호하고 박수를 보낸다. 일면식도 없는 사람의 청혼임에도 우리는 진심으로 기뻐하고 축하한다. 왜 그럴까? 정서적 전염효과(Emotional Contagion) 때문이다. 정서적 전염은 한 사람의 감정 상태가 표정과 몸짓, 언어의 톤과 분위기를 통해 다른 사람에게 무의식적으로 전달되는 현상이다.

사람들은 본능적으로 타인의 행복을 응원한다. 누군가가 잘되기를 바라고 기뻐한다. 타인의 불행을 즐기는 사람은 극히 드물다. 그러니 우리는 마땅히 행복해야 할 존재다. 행복은 나 혼자 누리는 감정이 아니라 주변까지 밝히는 에너지이기 때문이다. 게다가 행복할 때 우리 몸에서는 네 가지 대표적인 행복 호르몬이 분비된다. 엔돌핀, 세로토닌, 도파민, 그리고 옥시토신(다이돌핀)이다. 이 호르몬들은 몸과 마음을 건강하게 만들고, 건강해진 상태는 다시 행복을 증폭시킨다. 행복과 건강은 서로를 강화하는 선순환 구조다.

이 원리는 가정에서도 그대로 적용된다. 부모의 부부관계가 안정되고 행복할수록 그 정서는 자녀에게 고스란히 전염된다. 반대로 부부가 불안하고 갈등하면 그 긴장 역시 자녀의 정서 구조 안으로 스며든다. 행복한 부부 밑에서 자란 자녀는 역기능 가정에서 나타나는 대리 역할이나 정서적 부담을 떠안을 이유가 없다. 부부의 행복은 가정 안에서 가장 먼저 전염되고 그 전염은 자녀의 인생 전체에 항체로 남는다. 따라서 부모가 서로 행복해하는 모습을 보여주는 것만큼 자녀에게 강력한 백신은 없다. 이 세상 최고의 부모는 자녀에게 이렇게 말할 수 있는 부모다.

"너도 우리처럼 살아라."

부부행복백신 : 확산

나의 행복 에너지로 온 세상을 밝혀라.

결혼의 목적(1)
몸과 몸의 즐거움

✦ ✦ ✦

결혼은 몸과 몸의 교류를 공식적으로 허락하는 관계다. 그 즐거움은 성(性), 곧 섹스다. 동물에게 성은 주로 종족 보존의 수단이지만 인간에게 성은 종족 보존을 넘어 친밀감과 연합을 깊게 하는 관계의 언어다. 그래서 인간의 결혼을 동물의 짝짓기와 구별한다.

에덴동산에서 하나님이 최초의 인간 아담과 하와를 창조하실 때 그들을 완전한 성인 남녀로 출발하게 하신 이유가 여기에 있다. 아담과 하와의 나이를 문자적으로 특정할 수는 없지만 생물학적 관점에서 보자면 가장 건강하고 왕성한 시기인 스무 살 전후로 보는 것이 좋겠다. 그들은 처음부터 하나님이 직접 짝지으신 합법적이고 이상적인 부부였다.

에덴동산은 생존을 위해 애쓸 필요가 없는 곳이다. 먹을 것, 입을 것, 잠잘 곳, 안전 문제 등 어느 하나 부족함이 없었다. 생존의 압박이 제거된 자리에서 아담과 하와는 관계 자체를 누릴 수 있었다. 몸과 몸의 사랑 또한 그 누림의 일부였다. 그 장면을 성경은 이렇게 표현한다. "하나님이 보시기에 좋았더라." 더 나아가 "보시기에 심히 좋았더라(창 1:31)."

여기서 질문이 생긴다. 에덴동산의 모든 것을 누리고 즐기는 주체는 인간이고 하나님께는 하나도 플러스 되는 게 없는데 왜 하나님이 그것을 '보시기에 심히 좋았다'고 하셨을까? 그 이유는 단순하다. 그것이 결혼의 본래 목적이기 때문이다. 즉, 모든 것이 완벽히 제공되는 에덴동산에서 남자와 여자가 그 다름을 즐거이 누리도록 설계하신 것이다.

성은 인간이 창조주로부터 부여받은 선물이며 결혼 안에서 누릴 때 가장 온전해진다. 분명한 사실은 몸과 몸의 다름을 기쁘게 누리도록 설계하신 것이 결혼의 첫 번째 목적이다. 그러므로 결혼한 부부는 풍요로운 성적 친밀감을 누려야 한다. 이는 선택적 사치가 아니라 인간에게 특별히 허락된 은총의 영역이다.

다만 누림에는 전제가 있다. 알아야 누릴 수 있고 다룰 줄 알아야 즐길 수 있다. 남자인 아담은 여자인 하와를 잘 다루는 주체여야 하고, 여자인 하와는 남자인 아담을 잘 다루는 주체여야 했다.

기타를 예로 들어보자. 기타를 즐기고 혜택을 누리려면 기타를 다루는 실력이 탁월해야 한다. 이제 막 기본 계명만 익힌 초보가 무대에 서면 즐거움은커녕 긴장만 남고 청중도 기대하지 않는다. 반면 연습을 거듭하여 완전히 숙지한 고수에게 무대에서의 연주와 노래는 즐거움과 행복이며 듣는 사람에게도 즐거움과 행복이다. 마찬가지로 결혼 안에서의 성은 본능에 맡겨질수록 빈곤해지고 이해하고 배울수록 깊어진다. 알더라도 제대로 알아야 한다.

존 그레이 박사의 《화성 남자 금성 여자의 침실 가꾸기》는 정말 강력히 추천하는 책이다.

부부행복백신 : 누림

몸과 몸의 사랑을 누리고 즐겨라.

결혼의 목적(2)
마음과 마음의 즐거움

결혼의 두 번째 목적은 마음과 마음이 통하는 즐거움, 곧 정서적 교류의 기쁨이다. 인간은 사회적 동물이다. 사람은 홀로 있을 때 외롭고 쓸쓸하며 고독의 늪에 빠진다. 사람은 사람을 통해 에너지를 얻고 관계 속에서 시너지 효과를 낸다. 마음을 주고받는 일, 마음과 마음이 통하는 경험은 인간이 누릴 수 있는 아주 특별한 행복이며 결혼한 부부가 누리는 정서적 교류는 그중에서도 아주 높고 깊은 차원의 행복에 속한다.

다만, 마음이 통한다는 말이 같은 감정, 같은 생각, 같은 관점으로 통일되어야 한다는 뜻은 아니다. 그것은 이미 앞에서 언급한 것처럼 통념 바이러스 감염 증상이다. 정서적 교류란 일치가 아니라 공명이며 동일함이 아니라 연결됨이다. 다른 요소가 많을수록 다양성의 풍요로움을 누릴 수 있다.

마음과 마음의 교류를 정서적 교감이라고 한다. 정서적 교감은 인간이 가진 매우 특별한 능력이다. 인간의 정서 교감은 단순한 본능 반응이 아니라 선택의 영역에 속한다. 물론 동물에게도 애착과 유대가 있다. 그러나 그것은 주로 생존 중심의 본능적 반응이다. 반면 인간의 정서 교감은 상대를 이해하려는 의지, 감정을 언어로 표현하고 조율하는 능력, 불편함을 감수하면서도 관계를 선택하는 태도를 포함한다. 이는 본능적 반응(reaction)이 아니라 의지를 가진 주체로서의 응답(response)이다.

특히 인간은 감정적 존재다. 인간은 단순히 감정을 느끼는 데서 그치지 않고 그 감정을 해석하고 의미를 부여한다. 그래서 인간의 정서 교감은 감정+해석+의미라는 삼중 구조를 가진다. 또한 인간만이 타인의 내면을 상상한다.

'저 사람의 마음속에서는 지금 무슨 일이 일어나고 있을까?'

이 질문을 던질 수 있는 능력이 공감의 시작이다. 이 상상이 준비와 배려로 이어질 때 관계는 더 깊어지고 인간은 더 인간다워진다.

정서적 교감은 인간의 정체성을 형성한다.

'나는 어떤 존재인가?'

인간은 이 물음에 혼자서 답하지 않는다. 관계 속 반응을 통해 자신을 알아간다. 다시 말해 인간은 타인을 거울삼아 자신을 비춘다. 그래서 인간은 혼자서는 온전한 '나' 가 되기 어렵고 정서적 교감을 통해서만 진짜 '나' 가 된다. 이 때문에 정서 교감의 부재는 단순한 외로움의 문제가 아니라 자아의 결손으로 이어진다.

하나님이 하와를 아담의 짝으로 주신 이유도 여기에 있다. 성경은 "사람이 혼자 있는 것이 보기에 좋지 아니하니…(창 2:18)" 라고 말한다. 이때의 아담에게는 동물들의 이름을 붙이는 일, 즉 노동이 있었지만 정서적 교류가 없었다. 하나님 자신이 관계적 존재이듯 그 형상을 따라 창조된 인간 역시 관계적 존재다. 인간에게 있어 사랑과 공감, 연민과 위로는 생존에 필수적인 기능은 아닐지라도 인간을 인간답게 만드는 핵심 기능이다.

그래서 정서적 교감은 축복이면서 동시에 위험이 된다. 정서 교감을 통해 깊은 사랑이 가능하지만 동시에 깊은 상처도 받는다. 결혼이라는 울타리 안에서 부부가 나누는 정서적 교감은 바로 이 위험을 감수하고서라도 누릴 가치가 있는 관계의 특권이다.

정서적 교감을 도와주는 장치로는 음악, 미술을 포함한 예술 분야와 체육과 같은 활동들이 있다. 부부의 문화적 수준과 경험은 부부간의 정서적 교류를 풍성하게 한다.

부부행복백신 : 교감

마음과 마음을 연결하는 다리를 만들어라.

결혼의 목적(3)
영과 영의 즐거움

사람은 영적 동물이다. 육체적으로 풍요롭고 정서적으로 아무리 교감이 많아도 삶의 의미라는 축이 비어 있으면 그 삶은 행복하지 않다. 반대로 외적인 환경이 부족하더라도 삶의 의미에 대한 확신이 있다면 그 사람의 삶은 훨씬 더 단단하고 깊다.

이 점을 상징적으로 보여주는 이야기가 알렉산더 대왕과 디오게네스의 일화다. 가질 수 있는 모든 것을 가진 사람의 대표자인 알렉산더는 통 속에서 살며 가진 것이라곤 아무것도 없던 철학자 디오게네스와의 대화에서 처음으로 열등감을 느꼈다고 전해진다. 즉 자신이 뭔가 부족하고 가난하다는 것을 느낀 것이다. 디오게네스가 누리고 있던 자유와 충만함은 소유에서 비롯된 것이 아니라 존재의 만족에서 비롯된 것이었다. 이것이 영적 행복이다. 곧 인생의 의미와 가치, 실존의 이유를 분명히 아는 데서 오는 행복이다.

성경은 이를 이렇게 표현한다.

"사람은 밥만으로 살 수 없다(신 8:3)."

이는 단순한 종교적 문장이 아니라 인간 이해에 대한 정확한 진술이다. 인간에게는 물질적 충족 외에도 의미와 가치, 신앙과 세계관과 같은 무형의 양식이 필요하다. 여기서 말하는 영적(spiritual)이라는 개념은 교회와 사찰 같은 종교 기관이나 기도와 명상 같은 종교 행위에만 국한되지 않는다. 영적 존재란 자기 존재의 의미를 묻고 왜 사는지를 질문하는 존재를 말한다. 동물은 본능에 따라 배고프면 먹고 위험하면 도망가며 번식을 통해 종족을 보존한다. 그러나 인간은 다르다. 먹고사는 문제가 해결되어도 근원적인 공허를 느끼는 존재이며 특히 나이가 들수록 삶의 의미와 가치가 없으면 견디기 어려운 존재다.

이 점을 분명히 한 사람이 빅터 프랭클(Viktor E. Frankl)이다. 빅터 프랭클은 실존적 공허(Existential Vacuum)라는 개념을 통해 인간이 근원적으로 의미 상실의 공백을 경험하는 존재임을 설명했다. 유대인이라는 이유로 나치에 의해 아우슈비츠를 포함한 여러 강제수용소를 전전하는 동안 부모와 아내를 잃은 프랭클은 그 극한의 상황 속에서도 자신이 끝까지 살아남을 수 있었던 이유를 '의미'에서 찾았다. 그는 자신의 책《죽음의 수용소에서 Man's

Search for Meaning》에서 인간을 쾌락이나 권력을 추구하는 존재가 아니라 의미를 추구하는 존재로 규정한다. 인간만이 초월적인 가치와 삶의 목적, 존재 이유를 향한 갈망을 품는다. 이 갈망을 철학은 '초월'이라 부르고 심리학은 '의미 추구'라 하며 신학은 '영성'이라 부른다.

이 관점에서 볼 때 인간의 만남은 단순한 교류를 넘어 존재를 건 만남으로 확장된다. 결혼 역시 생존을 위한 제도이기 이전에 의미를 나누는 동반 관계로의 초대다. 인간은 살아남기 위해서만 창조된 존재가 아니라 의미를 나누기 위해 창조된 존재다. 그래서 인간은 끊임없이 질문하고 기도하며 노래하고 이야기를 만들고 고통과 상처마저 재해석한다. 이것이 인간을 인간답게 만드는 영적 능력이다.

결혼에서의 영적 교류란 신앙이 같다는 뜻도 아니고 반드시 같은 종교를 가져야 한다는 의미도 아니다. 그것은 삶의 방향, 가치의 우선순위, 무엇을 위해 살 것인가에 대한 대화가 가능한 상태를 말한다. 부부가 영적 차원에서 연결될 때 삶의 고비에서도 관계는 쉽게 무너지지 않는다. 이유를 알 수 없는 고통 앞에서도 "왜 이런 일이 우리에게 일어났을까?"를 함께 묻고 각자의 방식으로 의미를 찾아갈 수 있기 때문이다.

> **부부행복백신 : 의미**
>
> 실존적 존재로서 삶의 의미를 추구하라.

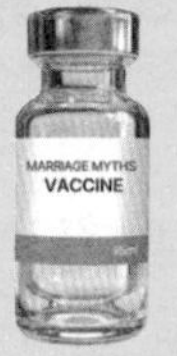

MARRIAGE MYTHS
VACCINE

2

배우자는
나의 부족한 부분을
완벽히 채워줄까?

결혼에 대한 가장 달콤한 기대다. 배우자 선택 이론에는 상호보완의 원리도 있으니 혼자서는 부족했던 내가 결혼을 통해 완성될 것이라는 기대는 매우 그럴듯하게 들린다. 물론 상호 존중과 명확한 경계선이 전제된다면 성숙한 부부는 서로의 부족한 부분을 보완해 줄 수 있다. 그러나 문제는 그것을 목표로 삼는 것과 당연한 결과로 기대하는 것을 구분하지 못하는 데 있다. 배우자가 나의 결핍을 완벽히 채워 주리라는 믿음은 사랑의 표현처럼 보이지만 실제로는 상대에게 과도한 책임을 떠넘기는 기대다. 이 기대가 충족되지 않을 때 사랑은 실망으로, 실망은 원망으로 빠르게 변한다. 그래서 많은 부부 갈등의 출발점에는 이 달콤한 착각이 숨어 있다. 배우자는 나를 완성해 주는 존재가 아니라 나의 미완성을 드러내는 거울에 더 가깝고 결혼은 부족함을 채워주는 제도가 아니라 부족함을 스스로 책임지게 만드는 관계다.

신데렐라 신드롬과
온달 신드롬

좋은 배우자를 만나면 인생이 달라진다. 그러나 반대의 경우도 있다. 충분히 좋은 사람이었는데 나쁜 배우자를 만나 표독스러워져 버럭이가 되거나 매사에 자신감을 잃는 사람이 되는 경우다.

결혼을 보상으로 생각하는 심리를 남자는 '온달 신드롬', 여자는 '신데렐라 신드롬'이라고 한다. 한 사람이 자신의 성장과 성숙의 책임을 스스로 지지 않고 배우자나 연인에게 자기 계발과 사회적 성공, 나아가 정서적 안정까지 떠넘기는 심리적 의존 상태를 말한다. 온달 신드롬이나 신데렐라 신드롬은 특정한 사람만의 문제가 아니다. 정도의 차이만 있을 뿐 누구에게나 내재 되어 있는 심리다. 이것 역시 통념 바이러스의 전형적인 감염 증상이다. 사람들은 결혼을 인생의 리셋 버튼처럼 착각한다. 그래서 결혼을 새로운 관계의 시작이 아니라 인생 구조를 바꿔 줄 외부 사건으로 기대한다.

지금의 외로움은 결혼하면 사라질 것이라 믿고 지금의 불안정도 결혼과 동시에 안정될 것이라 기대한다. 지금의 미성숙도 결혼하면 성숙한 어른이 될 것이라 여기고 지금의 공허 역시 결혼을 통해 채워질 것이라 믿는다. 그래서 마음속 깊은 곳에서는 이런 생각을 품는다.

'누군가 나를 선택해 주면 나는 지금보다 더 나은 사람이 될 수 있을 것이다.'

왜 사람들은 결혼을 기점으로 인생이 바뀔 것이라 믿을까? 결혼은 인간 사회에서 가장 강력한 의미를 지닌 사건이기 때문이다. 제도적 승인, 사회적 인정, 가족 서사의 완성, 종교적 축복, 성적 관계의 합법성, 경제적 단위의 형성까지 수많은 요소가 한꺼번에 결합한다. 이 모든 의미가 무의식 속에 저장되면서 결혼은 마치 인생을 보상해 주는 제도처럼 인식된다. 그러나 막상 결혼하고 나면 많은 사람이 같은 실망을 경험한다.

"결혼하면 달라질 줄 알았는데 별로 달라진 게 없다."

"이 사람과 살면 행복할 줄 알았는데 그렇지 않다."

이때 사람들은 배우자를 잘못 골랐다고 생각하거나 결혼 자체를 잘못된 선택으로 여기기 쉽다. 그러나 문제는 결혼이 아니다. 결혼은 인생을 바꾸는 장치가 아니라 이미 형성된 인생을 확대하는 구조다. 결혼은 구조선이 아니라 보물섬을 찾아 떠나는 원정선(遠征船)에 가깝다. 결혼 이전에 해결되지 않은 문제는 결혼 이후에도 사라지지 않는다. 다만 혼자 겪던 문제가 두 사람이 함께 겪는 문제가 될 뿐이다.

결혼을 통해 보상을 기대하는 심리는 잘못된 결혼 결정을 낳는다. 관계가 깨어진 반동으로 하는 결혼, 부모에 대한 반발로 하는 결혼, 과도한 통제나 무관심, 강박적인 종교 환경에서 벗어나기 위한 도피성 결혼이 그렇다. 이 경우 기존 환경과 정반대의 조건만 보고 배우자를 선택하는 경우가 많다. 외로움에서 벗어나기 위한 결혼, 낮은 자존감과 수치심에 기반을 둔 결혼, 누구라도 청혼을 하면 거절하지 못하는 결혼도 여기에 포함된다. 동정심에 의한 결혼, 또는 뜨거운 열애의 감정이 결혼 후에도 그대로 지속될 것이라는 착각 역시 마찬가지다.

그래도 결혼은 여전히 해 볼 만한 모험이다. 세월이 갈수록 깊어지고 넓어지는 묘한 세계이기도 하다.

실존주의 철학자 쇠렌 키에르케고르는 이렇게 말했다.

"모든 모험은 불안을 낳는다. 그러나 모험하지 않는 것은 자기 자신을 통째로 잃는 것이다."

배우자에게 기대지 말고 스스로 단단해져라.

want는 must가 아니다

'바라는 건 뭐든 다 이뤄져야 한다'고 믿는다면 통념 바이러스 감염 상태는 중증이다. 사실 대부분의 부부는 이 통념 바이러스 보균자다. 그리고 대부분의 부부 갈등은 바로 여기에서 발생한다. 이 생각만 바로잡아도 더 이상의 부부 갈등은 없다. 동시에 'want'와 'must'의 분리가 건강하고 행복한 부부관계를 재설정하고 유지하는 가장 중요한 비결이다.

결혼하는 사람이라면 누구나 배우자에게 기대와 바람을 품는다. 그 바람에는 무의식적인 바람도 있고 일상에서 생기는 요구와 욕구도 있으며 어린 시절부터 품어왔던 기대도 있다. 부모의 성향과 정반대의 배우자를 원하거나 역기능 가정 대신 순기능 가정을 꿈꾸는 것도 모두 자연스러운 바람이다. 이런 바람은 잘만 활용하면 오히려 좋은 배우자를 만나고 건강한 가정을 세우는 동력이 되기도 한다.

want란 나의 바람이고 희망이며 지금 내가 원하고 필요로 하는 욕구(desire)와 요구(needs)다. want는 인간에게 너무도 자연스럽다. 우리는 하루를 필요의 충족으로 시작하고 필요의 충족으로 마친다. 아침에 일어나 씻고 먹는 것은 누구에게나 반복되는 일상이다. 그런 행위에는 옳고 그름이 없다. 그러나 이렇게 말하는 순간 want는 must로 변질된다.

"결혼했다면 아내가 아침 식사를 준비하는 거 아니야?"

"결혼했다면 남편이 아침 식사 정도는 준비해 줘야 하는 거 아냐?"

이런 식으로 '당연히', '기본적으로'라는 말이 붙는 순간 want는 must나 should로 규정된다. 현대의 대중문화는 이 착각을 끊임없이 이상화하면서 우리를 부추겼다. 이때의 관계는 사랑의 영역을 벗어나 통제와 평가의 영역으로 넘어간다.

물론 자발성(spontaneity)이 작동하면 아무 문제가 없다. 본인이 좋아서 하는 일은 기분 좋은 헌신이 되고 자발적 헌신은 가정이든 직장이든 어디서나 윈(win)-윈(win)의 결과를 낳는다. 자발성은 성품일 수도 있고 사랑의 결과일 수도 있으며 의지를 동원한 선택일 수도 있다. 사랑할 때 자발성은 극대화된다. 밤하늘의 별도 따줄 마음이 생기고 실제로 그에 걸맞은 에너지와 능력이 생기기도

한다. 그러나 결혼은 감정만으로 유지되는 관계가 아니다. 자발성이 어느 순간 의무로 바뀌면 그 의무를 이행하기 위해서는 감정이 아니라 의지가 필요해진다.

건강한 부부는 want를 must로 바꾸지 않는다. 그렇다고 want를 포기하지도 않는다. 대신 조율과 협상의 기술을 사용한다. 조율과 협상이란 동등한 위치에서 각자의 권리와 의무를 인정하며 방법을 찾아가는 과정이다. 배우자 중 한 사람이 귀찮아하는 감정이 있다면 그 감정을 문제 삼기보다 먼저 그 감정을 인정한다. 그리고 이후에 부탁하든, 설득하든, 자발성을 끌어내든, 혹은 다른 대안을 찾든 다 방법의 문제다. 방법의 선택은 각자의 수준과 능력에 달려있으며 좀 더 유능한 쪽이 전체를 이끈다.

중요한 것은 목적이다. 기분 좋은 아침 식사가 목적이라면 수단은 유연해야 한다. 한 사람이 준비해도 되고 간편식으로 대체해도 되고 밖에서 먹어도 된다. 심지어 먹지 않기로 선택해도 목적이 사라지는 것은 아니다. 그러나 방법을 일방적으로 강요하는 순간 want는 must가 된다. want를 must로 바꾸는 그 순간 분노가 작동한다. 왜냐하면 상대는 내가 설정한 의무를 이행하지 않은 '나쁜 사람'이 되고 그 거절은 곧 거역이나 무시로 해석되기 때문이다. 그렇게 분노의 방아쇠가 당겨진다.

요구와 욕구가 충돌할 땐 조율과 협상으로 해결하라.

세계 4대 악처의 하소연(1)
소크라테스의 아내

세계 4대 악처라 불리는 인물들이 있다. 소크라테스의 아내, 공자의 아내, 욥의 아내, 베드로의 아내이다. 공식적인 자료가 아니라지만 묘하게도 다 위대한 남자의 아내들이다. 과연 그들은 애초부터 악한 여자였을까? 아니면 위대한 남편을 만나 속 터진 평범한 여자였을까?

소크라테스의 아내 쿠산티페는 대표적 악처로 불린다. 이것은 플라톤과 크세노폰의 기록에서 '성질이 사납다', '쿠산티페는 남편에게 물을 끼얹었을 정도로 거침이 없었다', '잔소리가 아주 심했다'는 표현에 기인한다. 그런 아내를 둔 소크라테스는 웃으면서 이렇게 말했다는 일화도 있다.

"그런 아내와 살면 나처럼 철학자가 될 것이네."

이들의 기록은 그렇다는 행적만 있지 '그럴 수밖에 없는' 쿠산티페를 대변하지 않는다.

쿠산티페가 속 터질 수밖에 없었던 현실을 살펴보자. 지금도 그렇지만 고대사회에서는 남자들이 생계를 책임지는 주체였고 그 기본적 역할 위에 가정이 세워졌다. 그런데 소크라테스는 돈을 벌지 않았다고 봐야 한다. 고대 아테네 사회에서 철학자는 직업인이라기보다 취미나 즐기는 한량에 가까웠다. 소크라테스는 돈을 번 게 아니라 제자들을 비롯해 수많은 사람과 논쟁을 벌이면서 그 탁월한 논리와 말솜씨를 통해 상대를 납작하게 만드는 우월감의 쾌감을 즐기며 살았을지 모른다. 누가 어떤 주제로 말을 걸어와도 보기 좋게 이겼으니 그 통쾌함이 얼마나 컸을까? 아마 소크라테스는 돈 벌어오라는 아내에게 이렇게 말했을 것 같다.

"나는 인류의 진리를 탐구하니, 밥은 당신이 하라."

가정 경제를 아내에게 떠맡기는 남편의 뻔뻔함과 무책임에 쿠산티페는 분노했을 것이다.

아내가 잔소리하는 이유는 아내가 악해서가 아니다. 남편이 해야 할 지극히 일상적이고 기본적인 말과 행동을 하지 않아서이다. 생활에서의 습관이나 태도, 의무와 책임을 이행하지 않을 때 잔소리한다. 그래서 잔소리를 끝내는 방법은 잔소리에 해당하는 항목 중 하지 말라는 것은 안 하고 하라는 것은 즉시 하면 된다.

예를 들어 전등 스위치가 고장났는데 그거 빨리 안 고쳐준다고 잔소리한다면 즉시 고치면 된다. 아내의 잔소리가 계속되고 있다면 지금도 여전히 아내의 요청을 거절하고 있다는 뜻이다. 흘려들었든 대놓고 무시했든 어쨌든 거절은 거절이다. 거절을 당하는 쪽은 분노를 느끼게 되어 있고 거절의 연속으로 누적된 분노는 악다구니를 쓰게 만든다. 그러니 남편은 아내가 잔소리한다고 성질 내기 전에 잔소리할 수밖에 없는 아내의 마음부터 파악해야 한다. 반대의 경우도 마찬가지다.

아내의 잔소리, 볼멘소리를 듣고 직면해서 해결한 남자가 있다. 연암 박지원의 《허생전》에 등장하는 허생이다. 허생의 아내는 조선판 쿠산티페와 같은 입장이다. 소크라테스와 허생의 공통점은 지식은 넘치지만 생활 능력이 없다. 그래서 아내가 생계를 오롯이 책임져야 했다. 육아와 집안일, 어쩌면 일가친척의 일까지도 다 해결했을 수도 있다. 허생의 아내는 현실적인 소리를 한다. 입을 옷이 없고 입은 옷도 다 해진 옷이고 쌀독은 비고 체면은 무너졌다. 결국 허생의 아내는 남편에게 독기 서린 잔소리를 한다.

"집 꼴이 이러한데 글만 읽어 무엇하겠소!"

그 말을 들은 허생은 오기를 발동한다. 글을 읽어 쌓은 지식이 어떤 결과를 산출하는지 입증해 보인다. 인근에 살고 있는 부자 변씨에게 자본을 빌려 갓과 말총, 말방울 등 특정 물품을 대량 매입해서 시장의 물량을 고의로 말린다. 그래서 가격 폭등을 유도하여 큰돈을 번다. 비록 매점매석(買占賣惜)이라는 편법을 쓰긴 했지만 어쨌든 허생은 지식의 효용성을 입증했다는 점에서 소크라테스와 다르다. 그 이후에도 허생의 아내는 허생에게 계속 잔소리했을까? 계속 악처로 남았을까? 자발적 현모양처로 변신하지 않았을까? 인심은 쌀독에서 나오는 법이니 늘 얼굴에 웃음꽃이 피지 않았을까?

소크라테스와 쿠산티페 부부를 놓고 봤을 때 이들의 대화는 어땠을까? 짐작건대 소크라테스는 회피의 달인이었을 가능성이 다분히 높다. 심리적 방어기제로 보면 지적화와 합리화를 통해서 교묘하게 빠져나가면서 악다구니를 쓰고 덤벼드는 아내로 하여금 수치심을 갖게 했을 가능성이 높다. 쿠산티페 입장에선 혹 떼어내려다 하나 더 붙이고 왔을 가능성이 높고 남편에게 말을 걸면 걸수록 도리어 자신이 더 비참해지고 한심한 존재로 전락한다고 느꼈을 것이다. 그런 일이 반복될수록 분노는 더 많이 누적되었을 것이고 누적된 분노가 한꺼번에 폭발되면 남편에게 물을 끼얹는 행동도 불사했을 것이다. 그래도 그렇게라도 했다면 차라리 다행이다. 그건 외향성 성격에 힘이 있는 존재라는 뜻이니까. 그 반대 성향, 즉 극단적 내향성에 에너지가 바닥인 여자였다면 우울증을 거쳐 일찌감치 암으로 죽었을 것이다.

더러 외적으로 탁월한 남자들이 가정에서 아내와 아이들과의 대화에선 젬병이 되는 경우도 이런 까닭이다. 그래서 아내와 대화할 때마다 얼렁뚱땅, 두루뭉술 넘어가거나 광대처럼 익살스러운 농담이나 행동으로 도피하거나 슬그머니 밖으로 나가는 방법을 택한다. 실제로 쿠산티페가 물을 퍼부은 일화를 보면 짐작이 가능하다.

쿠산티페가 소크라테스에게 물을 끼얹자 이렇게 말했다고 한다.

"아무렴. 천둥이 친 다음엔 비가 오는 법이지."

얼핏 보면 유머와 승화라는 높은 수준의 방어기제 같지만 자세히 보면 회피와 축소, 합리화라는 낮은 수준의 방어기제다. 쿠산티페에게 남편의 위대함은 자신에게 아무런 유익이 없었다. 탁월한 남자, 똑똑한 남자, 능력자 남자와 사는 여자는 더러 이렇게 누구에게도 하소연을 못 하는 처지에 놓인다. 밖에서는 존경받는 사람인데 집에서는 무책임한 사람, 세상은 남편을 칭송하는데 자신만 비난하고 공격하는 나쁜 사람이라는 함정에 빠진다. 어쩌다 편한 사람에게 볼멘소리를 하면 한 마디로 일축당한다.

"왜? 호강에 겨워 요강에 똥싸려고?"

여자는 밖에서 위대한 남편보다 그저 자신에게 따뜻하고 자상한 남자가 훨씬 더 좋다. 좀 더 비약해서 밖에선 조폭원이라도 집에만 오면 납작 엎드리는 남자, 아내의 말이라면 즉각 시행하는 남자가 좋다. 그런 면에서 결혼한 남자는 아내라는 말에 의미를 하나 더 추가해야 한다. 원래 아내는 안(內)+해(日), 즉 '집안의 해'라는 뜻을 담고 있다. 거기에 아내가 무슨 말을 하든 즉각 시행하겠다는 의지 표명을 담은 말을 해야 한다.

"아! 네!"

잔소리를 듣지 않으려면 즉각 행동하라.

세계 4대 악처의 하소연(2)
공자, 욥, 베드로의 아내 편

* * *

공자의 아내 치씨는 악처로 불린다. 《열녀전》, 야사, 후대 유교 설화에 묘사된 공자는 집안일에 무능해 아내의 불평이 많았다, 결국 이혼까지 했다는 설이 나돌 정도였다. 그것은 공자가 젊은 시절 결혼했으나 부부관계가 오래 유지되지 않았고 이후 아내에 대한 언급이 거의 없다는 것으로 유추한다. 실제로 《논어》와 같은 책에서 제자들과의 대화는 매우 풍부한 데 반해 부부관계나 결혼 생활에 대한 언급은 거의 없다.

공자의 아내가 악처가 될 수밖에 없는 이유도 쿠산티페와 비슷하다. 공자는 정치와 교육에 몰두하며 제자들과 유랑하느라 집에 없었다. 공자의 아내는 과부처럼 살았다. 그렇게 되면 생계와 가정 운영은 아내의 몫이 된다. 그리고 그런 공자를 위대한 사람으로 규정하기 위해선 공자의 아내를 애초부터 악처로 규정하는 게 필요했다. 공자의 아내는 정말 악처가 아니라 생계를 책임지지 않는 남편의 공백을 감당한 사람이었을 것이다.

게다가 공자는 역기능 가정에서 자랐다. 아버지 숙량흘(叔梁紇)은 고령일 때(70세 전후로 추정) 어머니 안씨(顔氏)와 결혼하는데, 이때 안씨는 아주 젊은 나이(10대 후반~20대 초반 추정)였다. 정상적인 결혼이 아니라 야합(野合) 또는 불완전한 혼인이었다. 당시에도 상당히 비정상적이고 불안정한 결합으로 인식되었다. 공자의 어머니가 아버지를 함부로 대했다는 말이 있는데《사기》,《열녀전》, 후대 유교 설화 등에서 간접적 뉘앙스로만 등장한다. 고령의 아버지는 일찍 세상을 떠났고 어머니가 강한 독립성으로 공자를 홀로 키웠다고 한다. 그래서 어머니는 강인한 여자로 비쳤을 것이다. 그러니 공자는 여성이 가정을 주도하는 상황을 안정적인 질서로 보지 않았을 가능성이 높다. 물론 추론일 뿐이다.

성경 〈욥기〉에 등장하는 욥의 아내도 악처로 분류되는데 좀 이해하기 어렵다. 그녀가 악처로 불리는 근거는 남편이 고난을 겪고 있을 때 위로보다 악담을 퍼부은 것에 있다.

"하나님을 저주하고 죽으라(욥 2:9)."

그래서 믿음이 없는 아내요, 시험을 부추긴 인물로 해석된다. 그런데 욥이 당한 고난의 이유가 욥의 순전한 신앙 때문임을 아는 아내 처지에선 화가 날 법도 하다. 그녀 역시 자녀를 한꺼번에 모두 잃었고, 그 많던 재산을 다 날렸고, 건강하던 남편이 병에 찌든 모습이 되는 것을 지켜보는 피해자가 되었다. 물론 나중에 욥의 모든 것이 회복되었을 때 욥이 재혼했다는 이야기가 없는 것으로 보아 다시 욥의 곁으로 돌아왔다고 볼 수 있다. 사실 욥의 아내가 퍼부은 악담은 틀린 말이 아니라 너무 큰 고통 앞에서 먼저 무너진 사람의 절규였을 뿐이다. 이때 욥은 아내를 위로하며 안아주지 않는다. 오히려 소크라테스처럼 말한다.

"그가 이르되 그대의 말이 한 어리석은 여자의 말 같도다. 우리가 하나님께 복을 받았은즉 화도 받지 아니하겠느냐? 하고 이 모든 일에 욥이 입술로 범죄하지 아니하니라(욥 2:10)."

욥은 자신의 순전함, 흔들리지 않는 신앙의 순수함을 드러내고 있지만 졸지에 그의 아내는 어리석은 여자에, 하나님의 주권을 인정하지 않는 불신앙의 소유자가 되고 만다. 욥의 이 말을 들은 아내가 '듣고 보니 당신 말이 맞다'라고 수긍했을까? 아니면 속이 뒤집어져 '저런 인간하고 산 내가 바보'라며 자기가 나갈 수밖에 없는 명분으로 삼았을까?

베드로의 아내가 악처로 분류되는 것은 좀 아이러니하다. 성경은 베드로의 아내에 대해 단 한 줄의 발언도 없다. 베드로가 예수의 제자로 부르심을 받았을 때 그는 아내와의 일체 의논 없이 길을 떠났다. 어느 날 갑자기 생업 현장에서 실종된 남편이 알고 보니 예수의 제자가 되었다는 소식을 들은 아내의 마음은 어땠을까? 갈릴리 호수의 어부라는 베드로의 직업은 당대 기준으로 매우 힘들고 불안정한 생계형 노동이었다. 그마저도 팽개치고 사라진 남편 베드로에 대해 그의 아내는 어땠을까? 소크라테스나 공자처럼 가정 경제를 책임지지 않는 무책임한 남편으로 여기진 않았을까?

그래도 베드로는 소크라테스와 공자와는 조금 달랐다. 왜냐하면 사도 바울이 고린도 교회에 먼저 보낸 편지에서 베드로가 자기 아내를 데리고 다녔다고 말하고 있다.

"우리가 다른 사도들과 주의 형제들과 게바처럼 자매 된 아내를 데리고 다닐 권이 없겠느냐?(고린도전서 9:5)"

게바는 베드로의 아람어 이름이었다. 또 자신이 직접 쓴 글에서 부부관계의 원리를 설명하고 있다.

"남편들아 지식을 따라 너희 아내와 동거하고… 귀히 여기라 이는 너희 기도가 막히지 아니하게 하려 함이라(베드로전서 3:7)."

이 말은 베드로 자신의 실패에서 나온 고백처럼 읽힌다. 사명은 있었으나 동거의 지식은 부족했던 한 남자의 뒤늦은 통찰일지도 모른다.

판단하고 단죄하기보다 이해하고 수용하려 애쓰라.

모든 부부는
배우자 앞에 갓난아기

영유아의 핵심 특성은 자기중심성이다. 갓난아기의 세계에서 세상은 오직 '나'를 중심으로 존재한다. 1차 양육자인 엄마는 그 자기중심성을 충분히 충족시켜 주는 좋은 대상(Good Object)이다. 이렇게 대상관계란 갓난아기와 자기를 돌봐 주는 1차 양육자, 주로 엄마와의 관계를 말한다.

아기는 자신의 모든 필요를 엄마가 '알아서' 충족해 줄 것이라 기대한다. 이 전능적 돌봄 경험이 무의식에 각인된다. 그리고 성인이 되어 결혼할 때 사람은 이 초기 대상관계를 배우자에게서 재현하려는 무의식적 충동을 작동시킨다. 그래서 결혼하면 배우자가 갓난아기 시절의 자기 엄마처럼 자신의 모든 것을 '알아서' 채워 줄 거라는 기대가 생긴다. 이것이 가장 깊은 결혼의 무의식적 이유다. 결혼 전에 나에게 잘해 주는 사람이라면 결혼 후에도, 심지어 죽을 때까지 계속 그렇게 해 줄 것이라고 믿는다. 그러나 그 믿음은 결혼과 함께 산산이 부서진다.

대상관계이론의 선구자인 멜라니 클라인은 유아가 최초로 맺은 엄마와의 관계 속에서 '좋은 엄마'와 '나쁜 엄마'의 이미지가 내면화되고 그것이 이후 모든 인간관계의 기초가 된다고 보았다. 엄마가 안정적이고 일관된 반응을 보이면 아이는 좋은 대상(good object)을 경험하고 그 결과 좋은 자아상(good self)을 형성한다. 반대로 엄마가 불안정하거나 공격적이면 아이는 나쁜 대상(bad object)과 부정적 자아상(bad self)을 내면화하게 된다. 성인이 되어 결혼하면 사람은 이 이미지를 무의식적으로 배우자에게 투사하며 다시 살아보려 한다는 것이다.

이러한 관점에서 보면 많은 부부 갈등은 성인기의 문제가 아니라 영유아기 대상관계의 재현이다. 그래서 자신의 욕구를 즉각 충족해 주지 않는 배우자를 향해 갓난아기가 더 크게 우는 것처럼 분노를 키운다. 치아가 나기 시작한 아기가 엄마의 젖꼭지를 깨무는 행동이 결혼 관계 안에서는 비난, 공격적 언어, 정서적 폭력으로 나타난다. 기다림과 인내가 작동하지 않고 사소한 불편에도 과도한 반응을 보이며 때로는 극단적 언어와 실제 폭력으로 이어지기도 한다. 즉, 신체적으로는 어른이 되었지만 심리적으로는 여전히 유아기의 자리에 머물러 있는 상태, 이것이 바로 심리적 고착이 결혼 생활 속에서 드러나는 전형적인 모습이다.

부부 이마고 치료의 창시자인 하빌 핸드릭스 역시 같은 맥락에서 이렇게 말한다.

"우리는 무의식적으로 어린 시절 우리를 다치게 했던 주요 대상의 특성을 지닌 사람에게 끌린다."

즉, 배우자는 사랑의 대상이기 이전에 치유되지 않은 부모 이미지의 재현 대상이 된다. want를 must로 여기는 사람은 자신의 배우자를 어른으로 대하는 것이 아니라 갓난아기 시절의 엄마로 오인하고 있는 셈이다. 그러나 배우자는 배우자이지 엄마가 아니다.

엄마가 갓난아기에게 절대적 돌봄을 제공하는 이유는 그 아이가 결국 성장하여 자기 역할을 하게 될 것을 알기 때문이다. 만약 아이가 십 년, 이십 년이 되어도 전혀 성장하지 않는다면 어떤 엄마도 아이를 낳고 싶어 하지 않을 것이다. 부모의 큰 행복은 자식이 성장해 가는 과정을 지켜보는 것이다. 갓난아기 시절에는 일방적 돌봄의 관계지만 성장은 상호 교류의 관계로 나아간다. 그리고 마침내 성인이 되면 부모와 분리·개별화되어 독립된 존재로 살아간다. 결혼이란 바로 그 독립된 두 사람이 또 하나의 가정을 형성하는 사건이다.

배우자는 부모 곁을 떠난 성인이다. 어른에게는 어른의 의무와 책임이 따른다. 어른의 세계에는 '선(先) 의무 이행, 후(後) 권리 주장'의 원리가 적용된다. 부부관계도 마찬가지다. 각자가 맡은 책임을 이행해야 자신의 권리를 주장할 수 있다. 그래서 연애는 감정으로 가능하나 결혼은 의지를 동반해야 한다. 의지란 하고 싶어도 하지 말아야 할 것을 하지 않고 하기 싫어도 해야 할 것을 해내는 힘이다. 물론 이 모든 것을 자발적으로 행하는 사람은 매우 성숙한 사람이다. 그런 사람은 어디에서나 평화를 만들고 어떤 관계에서도 행복을 생산한다.

그 자발성은 배우자가 만들어 주는 것이 아니다. 그것은 개인이 평생에 걸쳐 길러 온 성숙의 결과다. 그래서 결혼 상대를 선택할 때 나를 채워줄 사람을 찾기보다 이미 자기 삶을 책임지고 있는 사람을 선택해야 한다. 배우자는 엄마가 아니라 함께 성장해야 할 어른이다. 결혼은 돌봄을 받는 관계가 아니라 책임을 나누는 관계다. 엄마를 찾는 결혼은 반드시 실망으로 끝난다.

부부행복백신 : 나잇값

연령에 비례하여 기대되는 정서적·사회적 책임의 무게를 지녀라.

심청이 효녀일 수밖에 없는 이유

인격적으로 성숙하여 친절과 배려가 몸에 밴 사람이 있다. 이런 사람은 언제 어디서 누구를 만나든 관계를 안정적으로 형성하고 갈등을 조율하며 피차 시너지 효과를 창출한다. 나아갈 때는 단호하고, 물러설 때는 뒤끝이 없다. 이들은 중재자이자 피스메이커이며 삶의 레벨이 높은 사람들이다.

이에 반해 겉모습은 비슷해 보여도 전혀 다른 유형의 친절이 있다. 반사적으로 친절한 사람이다. 보통 사람이 "아, 네."라고 반응할 때, 이들은 "아, 네! 네! 네!"하며 연거푸 고개를 끄덕이고 허리를 굽신거린다. 이들은 거의 "No."를 말하지 못한다. 인상은 순하고 선해 보이며 악한 구석이라고는 없어 보인다. 그래서 종종

"예수님 같다.", "부처님 같다."라는 말을 듣기도 한다. 문제는 결혼한 후에 나타난다. 밖에서는 천사인데 배우자와 자녀 앞에서는 예측 불가능한 전사로 돌변하는 경우가 적지 않다. 이는 인격이 변했다기보다 모드가 바뀐 것에 가깝다. 밖에서는 극단적으로 친절하고 순응적인데 집 안에서는 무기력하거나 방어적이거나 때로는 분노 표출 스위치를 작동하는 모습이다.

이 현상은 많은 경우 역기능 가정 출신에게서 발견된다. 부모로부터 안정적인 돌봄을 받지 못한 자녀는 생존을 위해 극단적인 방식 중 하나를 무의식적으로 선택한다. 하나는 극단적 반항주의자(Anarchist)가 되는 것이고, 다른 하나는 정반대로 극단적 충성주의자(Royalist)가 되는 것이다. 둘 다 가족 안에서 살아남기 위한 전략이며 이것이 바로 '가족 역할'이다.

극단적 충성주의자의 전형은 효녀 심청이다. 심청의 가정은 역기능이다. 아버지 심봉사는 '마음(心)이 눈먼 사람'을 상징한다. 타인의 마음과 감정을 읽지 못하고 자기중심적으로 살아가는 인물이다. 그래서 심봉사는 심씨다. 한국의 대표 성 씨인 김봉사, 이봉사, 박봉사가 아니다. 이때의 심(沈)은 가라앉을 심이다. 자기 속으로 가라앉는 존재, 즉 심리학적으로 보면 병리적 자기중심성을 지닌 남성이다.

심봉사의 아내가 심청을 낳을 때 난산으로 죽는 설정도 의미심장하다. 난산은 심청의 어미가 신체적으로 약해서가 아니다. 가난과 과도한 책임, 심리적 스트레스가 누적된 결과다. 몸도 마음도 다 소진된 것인데, 이를 좀 극단적으로 말하면 자기밖에 모르는 남편, 무능의 극치인 심봉사로 인해 속 터져 죽은 것이다. 그런 심봉사였기에 공양미 삼백 석이면 눈 뜰 수 있다는 탁발승의 말을 듣고 그 자리에서 무모한 약속을 한다. 눈먼 자의 눈먼 거래인데 그로 인해 딸마저 죽음으로 내몬다.

태어날 때부터 엄마의 상실을 경험한 심청은 역기능 가정에서 살아남기 위해 무의식적으로 선택한 가족 역할(role)인 극단적 충성주의자가 된다. 자신을 지우고 자신을 희생하며 아버지를 살리는 길로 나아간다. 이것이 충성주의자의 생존 방식이다. 이런 유형의 사람은 결혼 전에는 더없이 친절하고 자상하다. 그러나 그 친절은 성숙에서 나온 것이 아니라 불안과 두려움에서 비롯된 생존 전략인 경우가 많다.

결혼 전에 아주 친절한 사람을 만났다면 그 친절이 성품의 성숙인지 생존 차원에서 나온 반사적 특성인지를 반드시 구분해야 한다. 성숙한 친절은 책임과 경계를 동반하지만 생존형 친절은 책임을 회피하고 관계를 왜곡시킨다. 친절함이 반드시 성숙을 의미하지는 않는다. No를 말하지 못하는 사람은 책임도 지지 못한다. 결혼 전에 봐야 할 것은 친절의 양이 아니라 친절의 출처다.

실제 사례를 보자.

S씨가 K씨와 결혼을 결심한 가장 큰 이유로 그의 자상함과 친절함을 꼽았다. 결혼 전 K씨는 늘 S씨의 말에 맞추고 배려하고 요구를 들어주었다. 그러나 결혼 후 S씨가 마주한 현실은 전혀 달랐

다. K씨는 주관이 없었고 결단력과 실행력이 현저히 부족했다. 착한 사람인 것은 맞았지만 그 착함은 '착해 빠진' 수준이었다. 자기 권리를 주장하지 못했고 가족을 책임질 힘도 부족했다.

직장에서도 마찬가지였다. 사소한 갈등이나 상처에도 쉽게 무너졌고 그때마다 직장을 그만두었다. 일정한 수입을 유지하지 못해 결국 아내 S씨가 생계를 위해 일하러 나설 수밖에 없었다. S씨의 마음에는 분노가 차곡차곡 쌓여 갔다. 결혼 전에 보았던 친절함과 유순함은 역겨움을 낳았다.

부부행복백신 : 온전한 자기 사랑

타인을 사랑하려면 먼저 자신을 온전히 사랑하라.

부부 전문가도 자기 아내에겐 공감 못 하는 이유

부부 상담 전문가, 가정사역자라는 이름으로 활동하고 있는 필자이지만 아내의 말에 전적으로 공감 못 한다. 공감하기보다 화가 먼저 날 때가 많고 퉁명스러운 반응을 보일 때가 많다. 부부 전문가라고 해도 별수 없다. 그렇다면 보통의 부부에게, 특히 남자에게 공감은 얼마나 더 어려운 과제이겠는가.

2001년 상경 이후 사)지구촌가정훈련원에서 5년 넘게 근무하며 한국 가정의 민낯을 보았다. 생각보다 훨씬 심각했고 행복해 보이는 사람이 많지 않았다. 이후 심리상담학을 본격적으로 공부하면서 품었던 궁금증을 하나씩 해소할 수 있었다. 먼저 나와 아내의 성격과 성장 배경이 부부 패턴에 어떻게 작동하는지를 알게 되었다. 상담학 공부는 내 인생에서 가장 실용적인 공부였다. 배운 족족 삶에 바로 적용할 수 있었기 때문이다.

그 과정에서 받은 가장 큰 감동은 공감이란 말이었다. 사람과 사람이 서로 공감할 수만 있다면 세상은 유토피아가 될 것 같았다. 그래서 한동안 나는 공감의 전도사처럼 살았다. 부부 강의, 자녀 교육, 인간관계 강의에서 공감의 중요성을 끊임없이 강조했다. 그러나 시간이 지날수록 양심의 가책이 느껴졌다. 나는 공감 능력이 뛰어난 사람이 아니었다. 오히려 차갑고 이기적이며 무정하고 회피적인 사람이었다. 아내와 30년 가까이 살아보니 부부 사이의 공감이란 고양이 목에 방울 달기였다. 아이디어는 훌륭하지만 누가 실행할 것인가? 그리고 그것이 과연 가능하긴 한가?

공감은 의식 수준이 매우 높은 사람, 천성이 천사와 같은 사람, 혹은 오랜 훈련을 통해 경지에 오른 사람들의 능력이다. 그런 사람이라면 애초에 부부 갈등을 크게 만들지도 않고 문제가 생겨도 자연스럽게 해결해 간다. 그러나 그런 사람이 과연 얼마나 될까? 사랑꾼이라 불리는 유명 연예인 부부라면 공감의 귀재일까도 생각해 보지만 그 또한 뚜껑 열어보아야 안다.

그렇다고 공감이 불필요하다는 뜻은 아니다. 공감은 분명 천상의 언어다. 공감이 얼마나 많은 사람을 위로하고 치유하는지 안다. 다만 공감을 모든 관계의 마스터키처럼 말하는 것은 현실을 외면한 이상주의다. 특히 부부 사이에서는 그렇다. 실제로 많은 남편이 공감하지 못한다는 이유로 아내로부터 지속적인 비난과 지적을 받는다. 남자는 본래 목적 중심적 소통에 익숙해 문제 해결을 위한 대화에는 능하지만 마음을 나누기 위한 대화는 서툴기 때문이다. 이것은 개인의 문제가 아니라 일반적 특성이다. 모든 남자가 그렇다는 뜻이 아니라 다수의 남자에게 공통으로 나타나는 경향이다.

이토록 부부 사이에 공감이 어렵다면 부부 소통은 불가능할까? 그렇지 않다. 공감이 자동으로 작동하는 전제가 있다.

"사이가 좋을 때는 자동 소통! 사이가 나빠지면 자동 소총!"

사이가 좋을 때는 굳이 노력하지 않아도 마음이 통한다. 데이트하는 연인들이 그렇다. 데이트란 어떻게 하면 상대를 기쁘게 할까에 초점을 둔 이타적 행동이라 언제 어디서든 경청할 준비가 되어 있다. 그렇게 둘 사이의 관계 통장에 잔고가 충분해지면 공감은 자연스럽게 흘러나온다. 그러다 연인관계가 오래되거나 결혼을 하면 사랑의 감정을 만들어 내던 도파민과 페닐에틸아민(PEA)이 줄어들고 자동 소통이 자동 소총으로 바뀐다. 이때 필요한 것은 "더 공감하라"는 도덕적 명령이 아니다. 장작불이 사그라지고 불씨만 남았을 때 다시 불을 지필 수 있는 현실적인 기술이다.

우리집 재정의 통장 잔고가 1억원 가까이 된다고 생각해 보자. 작은 접촉 사고를 내서 보험처리를 하지 않고 50만 원을 물어줬다고 하자. 반대로, 현재 마이너스 통장을 사용하고 있다고 가정하고 아주 가벼운 접촉 사고로 5만 원을 물어줬다고 해 보자. 금액은 열 배 차이인데 스트레스는 후자가 열 배 더 크게 받는다. 이유는 딱 하나다. 잔고가 넉넉하기 때문이다. 그처럼 부부관계에서 생기는 크고 작은 갈등은 인출에 해당한다. 더러 큰 사건을 일으켜도 통장 잔고가 넉넉할 때는 큰 문제가 되지 않는다. 그러나 통장 잔고가 바닥이거나 마이너스 상태일 때는 소소한 사건이 전부 다 갈등의 이유가 된다. 그렇게 작동된 사건(trigger)이 또 다른 상처를 남기면 관계는 더 위축되고 멀어지는 악순환의 늪에 빠진다. 그러니까, 대부분의 부부 싸움은 사건의 크기 때문이 아니라 잔고의 부족에서 시작된다. 그래서 데이트는 사치가 아니라 최소한의 유지비다. 결혼 생활에서 데이트를 멈춘다는 것은 입금은 하지 않고 계속 인출만 하는 것과 같다.

따라서, 공감의 화법이나 기술을 배우는 것보다 부부 사이를 좋게 만드는 데 투자하는 편이 훨씬 지혜롭다. 기술은 관계를 보완하지만 관계의 온도를 대신 만들어 주지는 못한다. 그런 면에서 결혼한 부부에게 가장 현실적인 처방은 더 많은 데이트다. 데이트는 단순한 외출이 아니다. 오롯이 상대의 필요와 관심, 행복을 향해 마음을 쓰는 연습의 시간이다. 서로에게 집중하는 시간이 쌓일수록 부부 사이에는 보이지 않는 적립금이 쌓인다. 관계에도 통장이 있다면 데이트는 그 통장에 꾸준히 입금하는 행위에 가깝다.

결혼 후에도 소확행을 누리는 데이트를 많이 하라.

부부 대화의 기본은
공감이 아니라 정확한 정보

부부 대화라고 하면 우리는 반사적으로 공감이란 말을 떠올리고 "아! 그랬구나!"라며 고개를 끄덕이는 장면을 상상한다. 물론 이것이 자연스럽게 작동하는 순간도 있다. 앞에서 언급한 것처럼 사이가 좋을 때, 그리고 기분이 좋을 때다. 관계 통장에 잔고가 넉넉하고 정서적 여유가 있을 때 공감은 자동으로 흘러나온다. 긍정심리학의 언어로 말하면 자발성(spontaneity)이 최고조에 이른 상태다. 그러나 모든 대화가 그 조건에서 이루어지지는 않는다. 중요한 결정을 해야 할 때, 실수나 잘못을 다뤄야 할 때, 이미 감정이 상해 있는 갈등 상황에서는 공감이 쉽지 않다. 오히려 이때의 섣부른 공감은 대충 듣고 있다는 인상을 주어 반감을 키우기도 한다. 그래서 부부 대화의 기본은 공감이 아니라 정확한 정보다.

부부 싸움의 상당수는 악의가 아니라 오해에서 비롯된다. 의도는 선했지만 제대로 전달되지 않았고 말하는 사람은 알아서 이해했을 거라 생각하지만 듣는 사람은 전혀 다르게 해석한다. 따라서 표현하는 쪽이 자신의 의도와 뜻을 정확하게 설명할 책임이 있다.

물론 우리말 속담 "개떡같이 말해도 찰떡같이 알아듣는다."를 실천하는 사람이 있다. 이것을 메타 커뮤니케이션(Meta Communication)이라 한다. 표현된 말의 이면을 읽고 감정과 맥락을 종합해 의미를 재구성하는 능력이다. 평화가 유지되는 부부를 보면 대개 이 능력이 한쪽이라도 탁월한 경우가 많다. 이런 사람은 가정뿐 아니라 사회에서도 자연스럽게 중재자 역할을 한다.

그러나 이 능력을 배우자에게 기대하는 것은 공정하지 않다. 더 지혜로운 방법은 처음부터 정확한 정보를 주는 것이다. 기자가 기사를 쓸 때 6하원칙(언제, 어디서, 누가, 무엇을, 어떻게, 왜)을 따르듯 부부 대화도 마찬가지다. 듣는 사람이 의문사를 던지며 정보를 보완해야 하는 상황을 최소화하는 것이 좋다.

정확한 정보를 전달할 때는 연역법이 효과적이다. 결론을 먼저 말하고 그다음에 "왜냐하면"으로 이유를 설명하는 방식이다. 특히 배우자가 해당 사안에 관심이 있거나 어느 정도 배경지식을 가지고 있다면 초두효과(primary effect)까지 기대할 수 있다.

예를 들어서 이렇게 말할 수 있다.

"여보, 이번 주 토요일 오후엔 친정 부모님 병원 동행을 내가 해야 할 것 같아. 오전에 예약이 잡혔고 진료받는데 두세 시간 정도 걸릴 거야. 그래서 저녁 약속은 다음 주로 미루는 게 좋겠어.”

이렇게 말하면 상대는 무엇을 원하는지, 왜 그것을 원하는지를 한 번에 이해할 수 있다. 대화는 감정의 소모가 아니라 정보의 교환이 되고 그래야 비로소 공감과 협상이 가능해진다. 공감은 목표가 아니라 결과다. 정확한 정보 전달로 신뢰가 쌓일 때 공감은 자연스럽게 따라온다.

부부 대화 시 정확히 듣고 소리내어 표현하라.

자동차 선택과
배우자 선택은 똑같다

＊＊＊

결혼의 성공은 사랑의 크기가 아니라 다루는 기술에 달려있다. 배우자를 얼마나 사랑하느냐보다 배우자와 결혼이라는 구조를 얼마나 이해하고 잘 다루느냐가 결혼의 질을 결정한다.

차를 잘 다루는 사람은 안전 운행은 기본이고 남의 실수로 인한 사고 위험도 최소화하는 방어운전도 한다. 상황에 따라 속도를 조절할 줄 알고 여유를 즐길 줄도 안다. 원하는 곳이라면 어디든 갈 수 있고 더울 때는 에어컨을, 추울 때는 히터를 활용한다. 비 오는 날에도 비 한 방울 맞지 않고 이동하며 때로는 차 자체가 휴식 공간이 되기도 한다. 필자 역시 지방으로 강연을 갈 때 도로가 한적하고 시간이 여유로우면 크루즈 기능을 켜고 음악을 크게 틀고 노래를 따라 부르며 간다. 그 시간은 휴식과 힐링 타임이다. 그러나 도심이나 교통량이 많고 시간이 촉박할 때는 그렇게 하지 않는다. 때와 장소를 가릴 줄 알아야 하기 때문이다.

카메라도 마찬가지다. 우리는 카메라가 넘쳐나는 시대에 살고 있다. 거리마다 CCTV가 있고 스마트폰 카메라도 웬만한 DSLR을 능가한다. 화소와 화질은 물론이고 광각·망원 기능, 전문가 모드까지 탑재되어 있다. 스마트폰으로만 찍은 사진으로 전시회를 여는 사람도 있다. 그런데도 대부분 사람은 그 기능의 극히 일부분만 사용한다. 이유는 간단하다. 카메라를 제대로 다룰 줄 모르기 때문이다.

필자가 지인들에게 스마트폰 사용법을 알려줄 때 종종 이런 반응을 듣는다. 그동안 몰라서 못 쓴 것이다.

"아니, 제 카메라에 이런 기능이 있었어요?"

결혼은 생각보다 훨씬 많은 기능과 가능성을 품고 있다. 그러나 대부분 부부는 그중 몇 가지만 사용한다. 그것도 의식주 해결, 종족 보존, 본능적 욕구 충족 정도에 머무른다. 만약 결혼이 그 수준에만 머문다면 얼마나 삭막하고 재미없겠는가?

결혼도 마찬가지다. 결혼 자체가 문제라기보다 다루는 사람이 문제다. 같은 배우자, 같은 환경, 같은 결혼제도 안에서 누군가는 천국으로 살고 누군가는 지옥으로 산다. 차이는 알고 다루느냐, 모르고 다루느냐에 있다. 모르고 하는 결혼은 지옥이 되고 알고 하는 결혼은 천국이 된다.

정동섭 교수는 이렇게 말했다.

"행복이란 원하는 것을 손에 넣는 것이 아니라 이미 가지고 있는 것을 진정으로 원하는 데 있다."

마음도 밥을 먹어야 한다면 행복한 방향으로 고쳐먹어라.

배우자
장비병

+ + +

공식 용어는 아니지만 장비병이란 도구가 좋아지면 능력도 함께 좋아질 것이라고 믿는 착각을 말한다. 그래서인지 남의 악기, 남의 장비, 남의 물건은 늘 더 좋아 보인다. 그 장비 덕분에 실력이 좋아 보이고 삶이 더 윤택해 보인다.

장비병의 본질은 언제나 같다. 장비가 문제가 아니라 실력이 문제다. 필자 역시 한때 카메라 장비병에 시달렸다. DSLR 바디와 렌즈를 사고팔면서 그 바디와 그 렌즈만 있으면 실력이 늘 것 같았고 들고 다니면 남들의 시선을 받을 것 같았다. 그러나 현실은 달랐다. 바디와 렌즈를 바꿔도 사진 실력은 늘지 않았다. 사진 실력은 장비가 아니라 지식과 시선, 연습의 결과다.

장비병은 부부관계에서도 발병한다. 행복해 보이는 다른 부부를 보면 이런 생각이 스친다. 남자는 "저 남자는 좋은 아내를 만나서 저렇게 사는 거야."라고 생각하고, 여자는 "저 여자는 좋은 남편을 만나서 행복한 거야."라고 생각한다. 그리고 반사적으로 남의 배우자가 가진 장점과 내 배우자의 단점을 비교한다. 그 순간부터 자신의 선택에 대한 후회가 시작된다.

"잘못 골랐다."

"조금만 더 기다렸으면 더 나은 사람을 만났을 텐데."

장비는 돈을 조금 더 보태면 바꿀 수 있지만 사람은 그렇게 쉽게 교체할 수 있는 대상이 아니다. 그래서 이 비교는 곧 좌절과 우울로 이어진다. 요즘 이혼이 흔해지면서 이 착각은 더 위험해졌다.

"안 되면 바꾸면 되지."

"이번엔 제대로 골라보자."

그러나 바꾼 대상이 행복을 더 보장해 주던가? 새롭게 만나는 배우자 역시 장단점을 함께 지닌 사람이다. 반대로 지금의 배우자 또한 다른 누군가의 눈에는 충분히 탐나는 '고급 장비'일 수 있다. 행복은 절댓값이 아니라 비교의 방향에 따라 달라진다. 나보다 나아 보이는 쪽과 비교하면 불행해지고 나보다 못해 보이는 쪽과 비교하면 순간적으로 만족한다. 그래서 필요한 것은 장비를 바꾸는 기술이 아니라 장비에 만족하는 법을 배우는 일이다.

아내를 바라볼 때도 마찬가지다. 외모가 뛰어난 여자, 능력 있는 여자, 노래를 잘하고 악기 잘 다루는 여자, 가정에 충실하고 헌신적인 여자, 맵시와 솜씨, 마음씨와 말씨가 좋은 여자를 보면 반사적으로 '내 아내도 저랬으면…'이라고 생각한다. 그러면서 연출가와 영화감독이 되어 이미 캐스팅된 내 아내를 빼내고 '저 여자'를 캐스팅해서 대체한다. 그러나 그럴 수 없는 현실을 생각하면 괜스레 우울해지고 후회가 밀려오고 아내가 꼴 보기 싫어진다. 이것이 바로 통념 바이러스 감염의 중증 증상이다.

배움을 통해 악기를 빛내는 유능한 연주자가 되어라.

불편이 불행의 이유는
아니다

* * *

결혼을 통해 나의 부족한 부분을 배우자가 완벽하게 채워줄 것이라 믿는다면 그것은 통념 바이러스의 중증 감염 상태다. 그런 일은 현실에서 일어나지 않는다. 물론 상호 존중과 분명한 경계가 세워진 성숙한 부부관계 안에서는 서로의 부족함을 일정 부분 보완할 수 있다. 그러나 그것은 자동으로 주어지는 결과가 아니라 철저한 의식적 노력의 산물이다.

의식적 노력이란 나와 배우자의 부족함을 있는 그대로 인정하고 그것을 없애기보다 그 상태에서 내가 무엇을 선택할 것인가 결정하는 일이다. 도움을 받아야 할 대상으로 머무는 것이 아니라 도움을 줄 수 있는 주체로 서는 것이다. 이때 필요한 것은 마음뿐 아니라 실제로 도움을 줄 수 있는 능력이며 그 과정에서 생성되는 것이 바로 자기효능감이다. 부부관계는 나의 결핍을 채워달라고 요구하는 관계가 아니라 배우자의 필요를 감당할 수 있는 존재로 성장하도록 부르는 관계다.

오래전 본 한 만화가 이 진리를 잘 보여준다. 천국과 지옥의 풍경은 놀랍도록 동일했다. 산해진미가 가득 차려진 식탁, 여러 사람이 둘러앉아 있는 모습, 그리고 모두에게 주어진 일 미터나 되는 긴 수저까지 똑같다. 차이는 태도였다. 지옥에서는 사람들이 그 긴 수저로 자기 입에만 음식을 넣으려다 번번이 실패한다. 분노에 찬 그들은 서로의 수저를 가로막았다. 그런 싸움의 결과는 굶주림이었다. 반면 천국에서는 그 긴 수저로 자기 입이 아니라 맞은편 사람의 입에 음식을 넣어주었다. 서로 먹여주며 웃었고 모두가 배부르고 평안했다. 환경이 같아도 해석과 선택이 달랐다.

불편함 그 자체가 불행의 원인은 아니다. 불편은 그저 불편일 뿐이다. 불편을 편리로 바꾸는 것이 과학이고 기술이며 지혜이지만 편리해졌다고 해서 행복이 자동으로 따라오는 것은 아니다. KTX가 생겨 이동 시간이 단축되었다고 삶이 더 여유로워진 건 아니다. 각종 가전제품 덕분에 가사 일이 줄어들긴 했지만 그것이 반드시 여유로 연결되는 것도 아니다.

필자는 강의차 부산에 갈 때 급할 때 아니면 일부러 KTX 대신 ITX를 이용할 때가 있다. 요금도 저렴하고 좌석 공간도 넉넉하고 무엇보다 여행한다는 느낌이 들어 좋다. 창밖 풍경을 바라보며 천천히 가는 여유를 즐긴다. 약간의 지루함이 생기는 것도 여행의 묘미이기도 하다. 특히 아내와 함께 이동할 때는 그 여유가 더 값지다. 함께 가는 시간 자체를 누릴 수 있기 때문이다. 그 또한 분명히 행복이다.

결혼도 이와 같다. 불편을 완전히 제거하는 것이 목표가 아니라 그 불편을 어떻게 다루느냐가 행복을 결정한다. 많은 부부가 불편을 실패의 신호로 해석하지만 실제로 불편은 관계가 살아 있다는 증거다. 두 사람이 함께 살면서 마찰이 없기를 기대하는 것은 서로 다른 악기가 소리를 내지 않기를 바라는 일과 같다.

불편을 불행으로 해석하지 않을 때 결혼은 고통의 구조에서 성숙의 통로로 바뀐다. 이 지점에서 생활의 다운사이징(downsizing)은 후퇴가 아니라 지혜다. 모든 것을 크게 벌리는 대신 삶의 속도를 늦추고 욕망의 크기를 조절하는 선택은 관계를 숨 쉬게 만든다. 부부가 감당할 수 있는 크기로 삶을 조정하는 일은 상실이 아니라 집중이다.

부부행복백신 : 불편의 역설

불편의 요소 뒤에 숨어 있는 행복과 소명을 찾아내라.

불행을 행복으로 바꾸는 챙김 스위치

+ + +

최근에 '마음 챙김(Mindfulness)'이란 말이 일상화되고 있다. 마음 챙김은 요가와 불교 수행에서 유래한 개념으로 '매 순간 자신의 상태를 알아차리는 능력'을 말한다. 자기 마음을 인식하지 못하면 생각과 감정은 통제되지 않고 관계를 파괴한다. 반대로 마음을 챙길 줄 아는 사람은 불행의 방향을 행복으로 전환할 수 있다. 이것이 바로 결혼 생활을 바꾸는 스위치다.

챙김이라는 말은 여러 의미로 쓰인다. '사람을 잘 챙긴다.'는 말은 주변 사람들을 중요하게 여기고 관심과 사랑을 준다는 뜻이다. 또 어떤 이의 지금 상황이 어떤지 세심하게 살펴보고 도와준다는 의미를 담고 있다. '물건을 잘 챙긴다.'는 말은 어떤 도구를 사용한 후 그것들을 잊지 않고 제자리에 정돈한다는 말이다. 또한 챙김은 어떤 일을 하기 전에 필요한 도구들을 하나도 빠짐없이 준비한다는 의미다. 또 챙김은 그 사람의 됨됨이와 수준을 측정하는 말이기도 하다. 우리는 대개 이런 말을 많이 한다.

"자기 밥그릇은 챙긴다."

"자기 밥그릇만 챙긴다."

"자기 밥그릇도 못 챙긴다."

행복한 부부는 서로 잘 챙겨준다. 챙김은 배우자를 위한 사랑이다. 남편은 아내를 챙기고 아내는 남편을 챙겨야 한다. 서로의 관심사가 무엇인지 빠지거나 소홀한 것은 없는지를 잘 살핀다. 챙긴다는 말의 가장 가까운 한자는 '배려(配慮)인데 '여러 가지로 마음을 써서 보살피고 도와줌'이라고 한다(daum 사전). 배(配) 자는 배우자(配偶者)의 한자와 같다. 배(配)는 '아내, 짝지어 주다', 우(偶)는 '짝, 인형, 뜻하지 아니하게'라는 뜻이니 배우자란 '뜻하지 않은 선물을 챙겨주는 사람'이란 뜻이다. 부부 이마고 치료에서 '뜻밖의 선물'과 '배려하는 행동'을 통해 서로의 관계를 돈독하게 하라는 것과 같다.

부부가 서로를 챙겨주는 것도 좋지만 그보다 앞서 해야 할 일은 자기를 먼저 잘 챙기는 일이다. 특히 자기 마음을 챙기는 일이 중요하다. 왜냐하면 행복과 불행은 외부의 조건이 아니라 태도의 문제요 마음의 문제이기 때문이다. 동일한 환경에 살면서도 행복한 부부와 불행한 부부는 극명하게 갈린다.

한국인은 원래 잘 챙겨주는 민족이다. 우리 조상들은 자연과 더불어 살아가는 지혜를 가졌다. 콩을 세 알 심으면 하나는 땅이 먹고 하나는 새가 먹고 나머지 하나를 사람이 먹는다고 하였다. 자연을 상대로 한 농사는 반드시 손실을 염두에 둔 것인데 욕심을 부리지 않겠다는 마음 챙김과 땅과 새를 챙기는 마음이었다. 그런 챙김의 DNA는 오늘의 우리에게도 그대로 전달되었을 것이다.

1938년 《대지》로 노벨문학상을 받은 펄 벅 여사는 그런 한국인의 정서에 매료되어 한국을 무척이나 사랑했던 사람이었다. 그녀가 왕룽 일가의 이야기를 담은 소설 《대지》를 쓸 수 있었던 것은 선교사였던 부모님을 따라 40여 년을 중국에서 보냈던 경험 덕분이었다. 그 오랜 세월을 중국에서 보냈다면 중국을 사랑했을 법도 한데 왜 그녀는 한국을 더 사랑했을까? 그녀는 한국을 '고상한 민족이 사는 보석 같은 나라'라고 표현했는데 결정적인 이유가 챙겨주는 마음에 있었다. 그녀는 한국 늦가을에 따지 않은 감이 몇 개씩 나무에 달린 것을 보았다. 혹시 너무 높아 못 딴 것이냐고 했더니 일부러 남겨놓은 것이라고 했다. 겨울새를 위한 챙김이었던 것이다.

부부행복백신 : 챙김

물건과 사람을 잘 챙기는 사람이 되어라.

결혼엔
강철 멘탈이 필요

정신건강이 취약한 사람은 같은 상황에서도 그것을 부정적으로 해석하고 상대의 말과 행동을 왜곡한다. 상처라는 필터를 통해 세상과 사람을 보기 때문에 현실보다 더 고통스러운 세계에 자신을 스스로 가둔다. 그래서 결혼하고자 하는 사람은 건강한 신체와 아울러 건강한 정신건강을 가져야 한다.

결혼 생활에서는 각 사람의 정신 상태가 그대로 드러난다. 결혼해서 같이 살다 보면 피차가 감정을 어떻게 조절하는지, 스트레스에 어떻게 대처하는지, 분노를 어떤 방식으로 해석하고 처리하는지가 그대로 드러난다. 각자의 애착 패턴, 회피 성향이나 과잉 의존 성향도 숨길 수 없다. 연애할 때는 매력으로 보이던 요소들이 결혼 후에는 성격과 성향으로 고스란히 나타난다. 연애가 가면을 쓰고 만나는 관계라면 결혼은 가면을 벗고 만나는 관계다. 연애는 선별된 모습만을 보여주는 일이지만 결혼은 일상의 전부를 공유하는 삶이다.

결혼은 또한 책임을 지는 일이다. 정신건강 수준이 낮은 사람은 책임을 감당하기 어렵다. 연애할 때는 헌신적이고 다정해 보이던 사람도 결혼 이후에는 도망치거나 책임을 회피하는 경우가 적지 않다. 어떤 이는 독선적으로 변하고, 어떤 이는 폭력적으로 변하고, 또 어떤 이는 극단적으로 무기력해진다. 이때 관계는 상호 의지의 관계가 아니라 의존의 관계로 변질된다. 서로를 지탱하는 주체가 되기보다 돌봄을 요구하는 객체가 되고, 공감하고 해결하는 관계가 아니라 책임을 전가하는 관계가 된다. 늘 사랑을 갈망하면서도 정작 상대의 삶에는 관심이 없고 오직 '나만 봐주길' 요구한다.

결혼 생활에서 갈등이 발생하면 연애 때와 달리 도망칠 공간은 줄어들고 조절 장치는 사라진다. 누군가의 개입도 쉽지 않다. 여기에 아이까지 태어나면 관계의 복잡성은 배가 된다. 결혼 전에 신체 건강을 확인하는 것이 선택의 조건이라면 결혼 후의 정신건강은 지속해서 지급해야 하는 유지 비용에 가깝다. 이는 기초 체력 없이 마라톤 출발선에 서는 것과 같다. 그래서 결혼은 사랑의 감정보다 먼저 자기 인생을 감당할 수 있는 정신건강이 요구된다.

아이러니하게도 멘탈이 약한 사람일수록 결혼을 더 갈망하는 경향이 있다. 정신건강 수준이 낮을수록 사랑을 구원으로 오해하기 때문이다. 누군가 자기를 사랑해 주면 불안과 결핍, 공허와 상처가 해결될 것이라 기대한다. 그러나 결혼은 치유하는 약이 아니라 이미 존재하는 문제를 확대하는 구조다. 그래서 모든 부부에게는 개인의 내적 치유가 필요하다.

내적 치유란 어린 시절 성장 과정에서 심리적 나이가 어느 단계에서 멈춰버린 사람을 다시 성장하게 돕는 과정이다. 내적 치유를 통해 반사적 행동과 무의식적 반응을 했던 삶에서 깊은 사고를 통한 이성적 선택, 의식적 행동으로 전환한다. 다시 말해 악순환의 패턴을 선순환의 패턴으로 바꾼다. 그리고 그 출발점이 바로 자기탐사다. 만약 자기탐사 즉, 내적 치유의 과정을 거치지 않으면 반사적 행동과 무의식적 패턴이 부부관계를 망가뜨리고 있음에도 그것을 인식하지 못한다. 인식하지 못할 뿐 아니라 그 원인을 배우자의 탓으로 돌린다.

결혼은 그 자유와 책임이 가장 집약적으로 드러나는 삶의 장르다. 결혼은 남편과 아내가 함께 협력하여 만들어 가는 삶의 예술 작품이다. 예술에는 요행이 없다. 걸작이 되려면 그만큼의 실력과 안목이 필요하다.

문제가 없기를 바라지 말고 문제에도 버텨낼 심리적 맷집을 가져라.

MARRIAGE MYTHS
VACCINE

3

결혼하면
둘이 하나가 될까?

통념 바이러스 감염 증상 중 가장 심각한 증상이다. 이것만큼 당연시된 게 없다. 둘이 만나 영혼까지 하나가 된다는 건 생각만으로 황홀하다. 그렇다면 둘이 하나가 된다는 말은 생각과 느낌, 선택과 판단까지 같아져야 한다는 뜻일까? 만약 결혼이 정말 둘이 하나가 되는 일이라면 왜 결혼 후 갈등은 사라지지 않는가? 왜 여전히 오해하고 다투고 상처받는가? 둘이 하나가 되려 할 때 한 사람은 사라지는 게 아닐까? 그 '하나'는 동등한 하나인가 아니면 누군가의 양보와 침묵으로 만들어진 하나인가? 우리는 사랑이라는 이름으로 서로에게 어디까지 요구해도 되는가? 부부라는 이유로 상대의 경계를 무너뜨린 적은 없는가? 혹 결혼이란 둘이 하나가 되는 일이 아니라 하나로는 살 수 없다는 사실을 견디는 법을 배우는 일은 아닐까?

결혼이란 둘이 만나 하나가 되는 게 아니다

"결혼이란 둘이 만나 하나가 되는 것이다."

이 문장을 참 명제라고 했다면 다들 고개를 끄덕였을 것이다. 그러나 결혼은 둘이 만나 하나가 되는 게 아니다. 이 통념을 일찍이 간파한 사람은 《어린 왕자》의 저자 생텍쥐페리다. 그는 이렇게 말했다.

"결혼이란 둘이 만나 하나 되는 것이 아니라 하나 된 둘이 만나는 것이다."

부부는 연합된 관계이면서 독립된 개체다. 서로 일치할 때도 있지만 항상 같아야 할 이유는 없다. 그럼에도 결혼하면 취향과 가치관, 목표와 삶의 방향까지 모두 같아야 한다고 믿는다면 이는 사랑이 아니라 융합된 경계선(confused boundaries)을 가진 사람의 집착이다. 이런 사람은 '나는 누구인가?'에 대한 개인적 정체성보다 늘 '우리'라는 복수형의 정체성을 앞세운다. 개인의 취향이나 의견, 요구를 무시하고 개별 자아보다 관계 유지를 우선한다. 상대에게 헌신적인 사람으로 보이지만 그 상대는 사랑할 실체가 없다. 이런 경우는 일방적 사랑, 자기식의 사랑을 할 수 있다. 이것은 대체로 남자들에게서 많이 보인다. 〈남자가 여자를 사랑할 때, Boxing Helena, 1993〉라는 영화에서 남자는 여자를 사랑한다며 여자의 자유와 고유의 모습을 다 박탈하고 박제시킨다. 스릴러 영화답게 외과의사인 남자는 여자의 팔다리를 다 잘라버려 꼼짝달싹 못 하는 존재로 만들어 놓고 관상용 사랑의 대상으로 만든다. 그러면서 온갖 치장과 음식을 제공하는데, 그런 헌신적(?) 사랑 덕분에 마침내 여자가 마음을 연다는 결론은 더 엽기적이다.

여성에게서 자기식의 사랑이 드러나기도 한다. 그것은 "You are my pet."이라는 표현처럼 남편을 동등한 인격적 파트너가 아니라 자신의 필요와 결핍을 충족시켜 주는 기능적 대상으로 여기는 결혼이다. 특히 연상연하 커플 가운데 사회·경제적 성취에서 여성이 압도적인 주체가 되었을 때 이러한 관계 구조가 두드러지게 나타난다. 이 경우 결혼은 둘이 만나 하나 되는 연합이 아니라 한 사람이 다른 한 사람을 자기 삶에 편입시키는 방식으로 전락하기 쉽다.

또는 정반대의 모습인 극단적 헌신자(Royalist)다. 앞에서 말했던 심청이 효녀일 수밖에 없었던 이유와 상통한다. 이것은《너무 사랑하는 여자들, Women Who Love Too Much》이란 책을 통해 알려졌다. 1985년 발간된 로빈 노우드(Robin Norwood)의 책으로 관계 중독, 애착 및 의존적 사랑 패턴에 대해서 언급한다. 저자는 결혼·가족 치료사로 많은 여성이 관계 중독 또는 공동 중독(codependency)에 놓여 있다는 것을 보았다. 과도한 사랑은 감정이 깊은 사랑이 아니라 집착과 관계 중독의 패턴임을 지적한다. 따라서 이들에게는 감정의 강도보다 건강한 분리와 경계선의 설정이 필요하다. 로빈 노우드는 그런 여성들이 희생과 버팀, 자신을 버리는 것을 사랑으로 착각하는 것을 지적하고 있다.

그런데 아이러니하게도 극단적 헌신주의자가 끝내 버림당하는 경우가 적지 않다. 그 이유는 자기라는 실체가 없어져 배우자가 사랑할 대상이 사라지기 때문이다. 물론 때때로 여성이 희생과 버팀, 자기를 없애고 헌신하는 것도 필요하다. 그러나 꼭 필요할 때 사용하는 기술이지 항상 그런 태도만으로 살아간다면 그것은 병리적 관계다. 결혼은 둘이 하나가 되는 것이라는 통념 바이러스 감염 증상의 밑바탕에는 '네가 힘들면 내가 잘못한 것'이라는 자기비하적인 사고 체계가 작동된다.

'이걸 하면 이기적인가?'

'나만 편하면 안 되지….'

'부부는 하나니까 싸우면 안 돼.'

그래서 자신의 불편한 감정을 사랑 부족의 증거로 오해하여 갈등을 드러내지 않고 쌓아 둔다. 주로 내향성에 착한 유형의 사람들이 사용한다. 그러다가 그 컨테이너 용량이 가득 차면 어느 날 폭발하거나 냉각된다. 그나마 밖으로 터지면 평소에 안 하던 뜻밖의 거친 언행이나 돌발적 행동으로 드러나고 그것조차 못해 속에서 터지면 우울을 거쳐 암으로 발전한다. 심인성 질환은 이런 패턴에서 온다.

이들은 건강한 분리-개별화(separation-individuation)에 대한 두려움이 크기 때문에 각자의 세계를 가지는 것을 위협으로 인식한다. 그러나 자율성은 관계의 배신이 아니라 더 건강한 관계를 맺기 위한 선택이다. 각각이 만나 관계를 맺을 때의 조건이 건강한 몸, 건강한 정신, 가치관과 철학이지만 그것이 다르더라도 다름을 인정하고 존중하며 다름을 조율과 협상으로 풀어가는 것이 건강한 관계이다.

건강한 분리-개별화를 위해선 내부적으로 자기 자각(Self-awareness), 건강한 경계 설정, 자기 돌봄이 필요하고 외부적으로는 전문 상담과 지원 그룹이 필요하다.

하나가 되려고 피차 함몰되지 말고 끝까지 나로 남아 함께 살아라.

결혼은 짝짓기의
다른 이름?

결혼은 동물의 짝짓기라는 본능의 다른 이름일 뿐일까? 인간 역시 동물계에 속한 존재이기에 본능적으로 짝을 찾고 결혼을 통해 부부가 되고 자녀를 낳아 종족을 이어간다. 그러나 본능은 사람을 끌어당기긴 하지만 관계를 지탱하지는 못한다. 그래서 많은 사람이 결혼 후 이렇게 말한다.

"사랑이 식었다."

"설레지 않는다."

"예전 같은 끌림이 없다."

이 말은 관계의 실패라기보다 결혼을 본능의 영역에 둔 전제의 오류에 가깝다.

플라톤의 《향연》에서 남자와 여자의 끌림을 가장 인상적으로 설명하는 대목은 아리스토파네스의 연설이다. 이 이야기는 오늘날까지도 사랑을 이해하는 강력한 은유로 작동한다.

아리스토파네스에 따르면 인간은 본래 하나의 존재였다. 태초의 인간은 남자와 여자가 하나로 결합한 존재로서 둥근 형태였다. 팔 네 개와 다리 넷, 얼굴 두 개를 가져 완전하고 강력했다. 그런 인간이 신들에게 도전하자 분노한 제우스는 인간을 반으로 갈라버렸다. 하나였던 존재는 둘이 되었고 그 순간부터 인간은 잃어버린 자기 절반을 찾아 헤매는 존재가 되었다. 이 끝없는 추구가 바로 사랑(Eros)의 기원이라는 것이다. 사랑이란 타인을 향한 헌신이라기보다 상실된 자기 자신을 회복하려는 깊은 충동이며, 상대를 사랑하는 듯 보이지만 실상은 자기완성을 향한 본능적 움직임이란 해석이다.

이 신화가 주는 통찰은 분명하다. 남녀의 끌림은 처음부터 '결핍'에서 출발한다는 점이다. 사랑은 하나가 되려는 욕망이지 처음부터 서로를 책임지겠다는 계약은 아니다. 이 이야기는 내가 만나는 짝은 나의 부족함을 채워주는 필요충분조건이라는 인간의 무의식적 기대를 정확히 드러낸다. 우리는 사랑을 말할 때 상대를 위한다고 말하지만 실제로는 나의 외로움, 나의 결핍, 나의 불안을 해결해 줄 존재를 찾고 있는 경우가 많다. 그래서 사랑은 쉽게 변질된다. 수많은 대중가요가 이런 내용을 담고 있다.

"네가 있어야만 내가 행복할 수 있어."

"너만 있으면 나는 괜찮아."

"네가 변하면 나는 행복해질 수 있어."

이 지점에서 사랑은 관계가 아니라 기대의 투사가 되고, 동반자가 아니라 결핍의 대체물이 된다. 아리스토파네스의 신화는 사랑을 미화하기보다 오히려 인간 사랑의 이기적 기원을 냉정하게 드러내는 이야기다. 사랑을 끝까지 '하나가 되려는 본능'으로만 이해하면 결혼 역시 본능의 연장선상이 되고 만다. 그 결과 사랑은 식고 결혼은 실망으로 변한다. 왜냐하면 누구도 타인의 결핍을 끝까지 대신 살아 채워줄 수는 없기 때문이다.

> **부부행복백신 : 의지**
>
> 감정적 끌림의 차원에서 의지적 노력의 차원으로 전환하라.

결혼은
당첨된 대박 경품권

✦ ✦ ✦

이 세상에 목적 없이 존재하는 것은 없다. 자연 만물은 그 자체로 목적이다. 존재한다는 사실 자체가 이미 의미이며 거룩하고 아름답다. 사람이 이 땅에 태어나 사는 것 또한 그러하고 사랑하며 살아간다는 것은 그 아름다움의 절정이다.

결혼 역시 목적이 있다. 목적이란 말을 들으면 정략결혼이나 계산적 결혼을 떠올린다. 이를테면 가문의 부와 권력을 유지하기 위해 근친결혼까지 감행했던 유럽의 귀족 가문 이야기나 고대와 중세에 나라와 나라의 평화를 위해서 하는 정략결혼이다.

현시대로 오면 가난한 남자가 거대한 기업의 소유주가 되기 위해 기업주의 딸에게 접근한다는 삼류 드라마 이야기다. 그런 결혼은 결혼이 수단으로 전락한 상태다. 드라마의 소재로 이런 이야기가 계속 등장하는 것은 애초에 불가능한 일인데 드라마를 통해서라도 그 환상을 이루고 싶은 열망을 자극하기 때문이리라. 그래서 모든 조건을 갖춘 남자와 평범한 여자의 결합, 혹은 모든 조건을 갖춘 여자와 평범한 남자의 결합을 다룬 드라마는 언제나 흥행 소재가 된다. 그 이면에는 온달 신드롬과 신데렐라 신드롬이 작동한다. 그러나 이런 결합은 설령 사랑이 성취되었다 하더라도 평생 또 다른 전쟁을 계속 치러야 한다. 한 사람이 완전히 다른 세계로 편입되는 구조이기 때문이다.

그런데 결혼의 원래 목적이 그런 경품권에 당첨되는 것과 같다면? 예를 들어, 어떤 남자가 결혼할 때 회사에서 신혼부부에게 제공하는 여행 경품권에 당첨되었다고 하자. 그 경품권에는 항공료와 숙박비는 물론 액티비티 비용과 어느 정도의 쇼핑 비용까지 포함되어 있어 개인 비용이 필요 없다. 신혼여행을 떠난 부부는 무엇을 해야 할까? 모든 것이 완벽하게 제공되었으니 그저 누리기만 하면 된다. 맛있게 먹고, 충분히 쉬고, 다양한 액티비티를 즐기고, 쇼핑도 하고 서로 마음껏 사랑을 나누면 된다. 주어진 시간 동안 많은 것을 경험할수록 많은 추억을 만들 수 있다.

에덴동산은 바로 이런 대박 경품권이었다. 최초의 부부 아담과 하와에게 제공된 에덴동산은 모든 것이 완벽하게 제공된 유토피아였고 둘은 하나님께서 짝지어주신 합법적 부부이면서 생물학적으로 가장 왕성한 청춘이었다. 왜 하나님은 모든 창조를 마친

후에 사람을 창조하셨을까? 왜 그 아름답고 풍요로운 에덴동산을 어떤 조건도 없이 사람에게 주셨을까? 에덴동산에는 어떤 의무도 없었고 책임도 없었다. 굳이 책임이라면 그 아름다운 에덴동산을 잘 유지관리하는 것이었고, 굳이 의무라면 충분히 누리고 즐거워하는 것이었다. 에덴(עֵדֶן)의 뜻이 기쁨, 즐거움, 환희, 풍요로움, 만족이니 결혼이란 그런 세계로의 초대였다.

부부행복백신 : 선물

결혼은 누리라고 주어진 선물이니 기쁨으로 받아라.

불가근불가원
(不可近不可遠)

“너무 가깝지도 않게, 너무 멀지도 않게!”

불가근불가원은 인간관계, 특히 부부관계의 핵심을 정확히 짚어내는 말이다. 부부는 너무 가까워도 문제이고 너무 멀어도 문제다. 너무 붙어 있으면 밀착, 혹은 융합된 경계선이 된다. 한쪽에서는 사랑이라 말하지만 다른 한쪽은 숨이 막힌다. 사랑이라는 이름으로 상대의 공간과 삶의 리듬을 침범할 때 그것은 친밀함이 아니라 집착과 통제다. 반대로 너무 멀어지면 소원한 관계가 되어 역할만 남고 정서적 교류가 빠진다. 더 이상 부부가 아니라 공동생활자, 혹은 자식을 위한 암묵적 동업자가 된다. 갈등이 없을지는 몰라도 온기조차 없다.

그래서 부부관계의 핵심은 적당한 간격, 즉 건강한 경계선이다. 부부 관계엔 적절한 사이가 필요하다. 인간이란 말도 '사람 인(人)과 틈 간(間)'의 조합이다. 인간이란 말 자체가 사람과 사람 사이에 틈과 공간이 필요함을 전제한다. 건물 사이, 나무 사이, 시간 사이처럼 관계에도 숨 쉴 틈이 있어야 한다.

여기에 대해서는 레바논 출신의 시인이자 철학자인 칼릴 지브란(Khalil Gibran, 1883-1931)의 《예언자, 1923》 '결혼에 대하여'란 부분이 가장 잘 설명해 주고 있다.

함께 서되 너무 가까이 서지는 말라.
성전의 기둥들도 떨어져 서 있고
참나무와 사이프러스도 서로의 그늘에서 자라지 않는다.
서로 사랑하라,
그러나 사랑을 족쇄로 만들지는 말라.
오히려 그대 영혼의 해변 사이로
출렁이는 바다가 되게 하라.
함께 노래하고 춤추고 기뻐하라.
그러나 각자는 혼자이게 하라.
현악기의 줄들이 서로 떨어져 있으면서도
같은 음악으로 울리듯이.

농사에서도 마찬가지다. 벼를 심을 때는 심는 시기에 따라 간격을 달리한다. 일찍 심는 벼는 간격을 넓히고 늦게 심는 벼는 좁힌다. 그 이유는 분얼(分蘖) 때문이다. 분얼은 하나의 뿌리를 유지한 채 줄기가 건강하게 갈라지는 방식이다. 처음에 대여섯 줄기를 심었는데 수확할 때는 삼사십 줄기로 불어난다. 붙어 있어야 사는 것이 아니라 적당히 떨어져 있어야 더 풍성해진다.

관계도 같다. 적당한 거리가 있을 때라야 관계에는 안전감(safety)이 생긴다. 이 거리의 기준은 사람마다 다르다. 외향성과 내향성이 다르고 문화적 배경도 다르다. 사회적 관계는 손을 뻗으면 닿을 정도가 편하고 가족과 연인은 조금 더 가까운 거리가 정겹다. 그러나 그 거리조차 늘 고정되어 있지는 않다. 때로는 멀어지고 다시 가까워지며 리듬을 탄다. 가끔은 멀리서 봐야 보이는 마음이 있고 가까이에서야 들리는 진심도 있다. 부부는 붙어 있으므로 유지되는 관계가 아니라 거리를 조절할 수 있는 능력으로 유지되는 관계다.

> **부부행복백신 : 간격**
>
> 건강한 거리를 두고 완급을 조절하며 사랑하라.

주관적 사실은
진리가 아니다

◆ ◆ ◆

흔히 부부는 자신의 배우자에 대한 모든 것을 정확히 알고 있다고 착각한다. 오랫동안 살았기에 남편은 자기가 누구보다 아내를 잘 알고 아내는 누구보다 남편을 잘 안다는 착각이다. 본인은 완벽한 기정사실이라 말해도 그것은 주관적 사실일 뿐 객관적 사실이 아니다.

부부 상담과 치료, 부부 세미나 등에서 상처라고 여기며 가슴에 품고 살아왔던 이야기 뚜껑을 열어보면 기정사실이 아닌 경우가 의외로 많다. 사실도 아닌 이야기를 주관적 사실로 단정 지어 배우자는 잘못의 주체도 아닌데 애매한 누명을 뒤집어쓰고 감정적 감옥살이를 하거나 방치되고 외면당한다.

사례) 15년 8개월이나…

부부 내적 치유를 진행할 때였다. 결혼 연차가 20년 된 부부가 있었다. 인상이나 말투로 볼 때는 이렇다 할 큰 문제가 보이지 않았다. 남편이 가부장적이지도 않고 아내를 무시하거나 군림하는 스타일도 아니었다. 아내는 내향성에 낯가림이 심한 편이라 다른 사람과 눈도 마주치지 못했고 치유 작업을 할 때도 적극적으로 나서지 못했다. 거의 막바지에 이르러서야 억지로 끄집어내어 부부 치유 작업을 시작하였다.

"저는 아내가 왜 늘 저에게 통명스럽고 매사에 피동적인지 모르겠습니다. 선물을 사 줘도 좋다거나 고맙다는 표현을 하는 법이 없습니다. 저에게 무슨 말을 할 때마다 뭔가 불편한 듯 빈정거리는 말투라 말 속에 가시를 담아두고 있는 것 같습니다. 저에게 뭔가 마음에 들지 않는 구석이 많은 것 같은데 아무리 물어도 말을 안 합니다. 마음에 들지 않는 게 있으면 당신이 이러이러하니 속상하다, 어떤 부분은 어떻게 해 달라고 요구를 해 줬으면 좋겠는데 말을 안 하니 정말 미칠 것 같습니다."

아내는 그 말을 묵묵히 듣고만 있었다.

"그래도 이 결혼을 유지하고 살 수 있었던 것은 아이들에게 꼭 필요한 엄마이기 때문입니다. 엄마로서 아내는 전혀 다른 사람입니다. 친절하고 싹싹하고 웃기도 잘하고 아이들과 장난도 잘 칩니다. 그 분위기가 좋아서 나도 끼어들려고 하면 태도가 싹 돌변합니다. 거의 버러지 보는 듯한 눈빛을 느낄 때도 많습니다."

"아내분, 남편 이야기 들으셨죠? 왜 그러시는 건가요?"

아내는 말을 하지 않고 애써 시선을 외면했다. 그저 빨리 끝나고 집에 가기를 바란다는 표정이었다. 그 모습을 바라보는 남편은 속이 타는 듯 말했다.

"선생님도 지금 보셨죠? 아내는 늘 저런 식, 아니 나에게만 저런 식이에요. 아이들을 대할 때나 밖에서 다른 사람 만날 때 싹싹하고 친절한 것을 보면 그런 기능이 없다는 뜻은 아닌데 왜 저에게만 저렇게 쌀쌀맞게 굴까요?"

그날 앞 순서에 어린 시절 성폭행을 당해 힘들어하는 한 여성의 치유 시간이 있었다. 그 남편이 부부관계를 원하면 아내가 회피하고 어찌어찌 관계하더라도 나무토막이 되어버려 너무 힘들었다고 오열했다. 지금까지 살면서 섹스 횟수는 손꼽을 정도라고 해도 과언이 아니라고…. 그래도 자녀를 둘이나 얻은 건 정말 기적이라고 했다. 치유 작업에 들어가니 학교도 들어가기 전에 친척에 의해 당한 성폭행의 상처가 있었다. 그 치유 작업에 그의 아내도 울고 남편도 울고 온 참가자가 같이 울었다. 그 과정을 지켜보았던 이 남편이 나에게 말했다.

"아까 앞서 다른 부부 치유 작업을 할 때, 그 아내의 반응 때문에 남편이 힘들었다는 말이 얼마나 공감되었는지 모릅니다. 제 아내도 저에게 늘 그럽니다. 어떨 땐 모멸감을 느낄 때도 있습니다. 다만 차이가 있다면 저분은 결혼할 때부터 그랬다는데 저는 결혼 초기에는 그렇지 않았습니다. 정말 깨가 쏟아진다는 표현이 맞았고 속궁합이 좋다는 어른들의 말도 실감했습니다. 그런데 어느 날부터 아내의 태도가 돌변하더니 관계 때마다 나무토막처럼 변했고 성관계를 끝내고 나면 꼭 무슨 짐승 보듯 하는 눈총을 받곤 했습니다. 제가 도대체 무엇을 잘못했을까요?”

그러자 그의 말에 그의 아내가 혼자 중얼거리듯 말했다. 남편의 말에 반사적으로 튀어나온 말이었다.

“쳇! 지가 한 짓을 아직도 모른단 말이야?”

필자는 그 말을 그냥 흘려듣지 않고 그의 아내를 잡고 집요하게 물었다.

“조금 전에 말씀하셨던 지가 한 짓이 뭔가요?”

처음엔 완고한 표정으로 아무 말 않겠다는 표정을 짓던 그녀가 결심이 섰는지 아니면 집요한 질문에 지쳤는지 한 마디를 뱉었다.

“자기 아내를 향해서 년이라고 쌍욕을 하는 남자가 정상적인 남편인가요? 그런 남자가 아내에게 무슨 남편 대접을 받겠다는 건가요?”

아내의 입술이 파르르 떨리고 있었다. 필자가 남편에게 되물었다.

“아내에게 쌍욕을 하셨습니까? 평소에도 욕설을 하십니까?”

그러자 남편은 정색하고 말했다.

“욕설이라뇨. 제가요? 제가 아내에게 년이라고 욕을 했다구요? 저는 평소에 욕설 하지 않습니다.”

그러자 아내가 남편 쪽을 향해 크게 말했다.

"그런 사람이 아내를 보고 년이라고 해?"

"???"

남편은 영문을 모르겠다는 표정만 지을 뿐이었다. 아내에게 그 내막을 이야기하라고 했더니 15년 8개월 전으로 돌아갔다. 명절에 내려간 시골 시댁에서 남편이 자기를 년이라고 욕을 했다는 것이었다.

"내가 언제?"

남편이 흥분하며 끼어들었을 때 필자는 남편을 안돈시키고 아내더러 이야기를 계속하라고 했다.

시댁에서 며느리인 자기는 마루에서 콩나물을 다듬고 있었고 남편은 부엌에서 시어머니와 부추를 간추리면서 도란도란 이야기했는데 그 내용이 귀에 들렸다고 말했다. 그때 남편은 분명히 자기에게 '년'이란 욕설을 사용했고 끝말에 분명히 "나 요즘, 그 년 때문에 정말 미치겠어요."라는 말까지 했다는 것이었다.

"아~~!"

그제야 남편은 상황이 이해되었다는 듯이 고개를 끄덕였다.

"제가 말씀드리겠습니다."

남편이 자초지종을 설명했다. 자기는 육 남매의 맏이인데 그 점에서 늘 아내에게 미안하다고 했다. 아내는 육 남매의 맏이인 남편에게 시집와 집안의 크고 작은 일을 도맡아 했다고 했다. 지금까지 며느리 역할을 참 잘해 주었기에 내심 많이 고마워하고 있다고 했다. 그리고 아내를 보며 말했다.

"그래! 맞아! 그날 내가 어머니와 이야기하다가 년이라고 욕한 거 맞아. 욕이라면 욕이겠지. 그런데 말이야. 그때 내가 년이라고 했던 건 당신이 아니라 막내 여동생이었어."

막내 여동생은 고등학교를 졸업하고도 마땅한 직업을 갖지 않고 빈둥빈둥 놀았다. 그렇다고 대학에 진학하는 것도 아니었고 뭔가를 배우지도 않고 부모님 농사일도 돕지 않았다. 그러면서 무슨 곁멋이 들었는지 가끔 오빠가 살고 있는 도시에 나타나서는 불쑥 집으로 찾아와 기한도 없이 머물거나 집으로 오지 않을 땐 돈만 달라는 요구를 했다. 한두 번이야 넘어갈 수 있었지만 빈도가 많아지고 강도가 세지니 짜증이 났고 오빠 된 도리로 외면할 수 없었다. 늘 아내 보기가 미안하고 부끄러웠다. 몇 마디 훈계를 해도 소용이 없어 속만 끓이고 있다는 이야기를 어머니께 말씀드렸는데 마지막에 긴 한숨과 함께 뱉은 푸념이 아내의 귀에 들렸을 거라고 했다.

자초지종을 들은 아내는 황망한 표정을 지으면서도 고개를 끄덕였다. 그 모습을 보던 남편이 갑자기 오열하면서 울부짖었다.

"진작 좀 말하지. 진작 좀! 난 지금까지 도대체 그 이유가 뭔지 몰라서 얼마나 힘들었는데…. 그때 따지든 화를 내든 했었어야지. 그랬어야 진위를 판별했지. 난 아무것도 모르고…. 그동안 얼마나 힘들었는데, 그동안 얼마나 답답했는데, 그동안 얼마나 막막했는데…. 진작 좀 말하지 진작!!"

"미안해."

아내가 달려가 남편을 안았다. 부부는 서로 부둥켜안고 울었다. 용서라는 말을 쓸 필요도 없는 사안이었다. 그저 막연한 오해였다. 그 오해를 오해로 간직해 두어 생긴 일이었다. 남편의 말마따나 부부 싸움을 감수하고 그 진위를 확인했다면 얼마나 좋았을까? 그저 하나의 해프닝으로 끝났을 일이다.

아마 이런 대화가 오갔을 것이다.

명절을 지내고 집으로 올라오는 차 안에서 아내는 작심한 듯 강한 어조로 이렇게 말한다.

"당신! 그제 어머님 앞에서 나를 년이라고 욕하더라?"

"내가? 그게 무슨 소리야?"

"무슨 소리긴. 내가 마루에서 콩나물 다듬고 있을 때 당신은 어머님이랑 부엌에서 부추 간추리면서 이야기 나눴잖아. 그때 당신은 분명히 년이라고 했고 뒷말에 '그년 때문에 힘들어 죽겠어'라고 했어. 한숨까지 쉬면서 말이야."

"아! 그거. 그랬지. 정말 한숨 쉬며 말했지. 그러고 보니 내가 년이라고 한 거 맞네."

"맞지? 내가 귀로 똑똑히 들었다니까."

"그런데 말이야. 그건 당신이 아니야. 당신을 두고 한 말이 아니라 막내 여동생 ○○이를 지칭하는 말이었어. 걔가 요즘에 철딱서니 없는 짓을 많이 하잖아. 소식도 없다가 자기 돈 필요하면 오빠라며 전화해선 안부 인사도 없이 돈만 달라니 얼마나 싸가지 없는지 말이야. 한두 번도 아니고…. 그래서 내가 그년 때문에 힘들다고 어머니께 푸념을 한 거였어.”

“아! 막내 아가씨한테 한 소리였어? 난 그것도 모르고 나한테 한 소리인 줄로 알고 얼마나 속상했는지 몰라. 나는 지금껏 살면서 부모님한테서도, 선생님에게서도, 그리고 친구들 사이에서 그런 말 들은 적 없었는데 남편이라는 사람이 그런 욕을 한다 싶었을 때 정말 화가 치밀어 오르더라. 이런 인간하고 앞으로 어떻게 살아갈까 싶더라. 이해했어. 당신이 나한테 한 게 아니라면 되었어. 듣고 보니 아가씨 때문에 당신 되게 속상했겠다.”

“그럼, 내가 왜 당신을 두고 그런 욕을 해. 당신이 얼마나 수고 많이 하고 있는데…. 내가 충분히 알고 있는데 말이야.”

“오늘 말하길 잘했네. 오늘 말 안 했으면 내가 얼마나 오랫동안 당신을 인간 취급도 안 하고 잠자리에서도 덤벼들면 뒷발질을 해댔을까? 오해해서 미안해!”

“그러게 말이야. 생각만 해도 끔찍하다. 그리고 미안해하지 마. 이건 사과할 거리도 아니야. 그냥 해프닝에 불과하지. 그나저나 그년 때문에 우리가 부부 싸움까지 할 뻔했네.”

“맞아. 그나저나 막내 아가씨 이제 철 좀 들어야 할 텐데….”

“내 말이….”

단정짓기 전에 사실 여부부터 확인하라.

틀(frame) 때문에
틀렸다

사람이 같은 상황을 보고도 전혀 다른 반응을 보이는 이유는 그 사람이 가진 틀(frame) 때문이다. 이를 세계관(world view)이라고 불러도 좋고 개똥철학이라고 불러도 좋다. 자기 자신과 타인, 세상과 상황을 바라보는 기본 시각이다. 이렇게 사람은 누구나 자기만의 틀(frame)을 가지고 산다. 그 틀을 이해하면 관계는 쉬워지고 그 틀을 절대화하면 상대는 틀린 사람이 된다. 그 틀에 의해 어떤 사건이 자기에게 유익하다고 판단되면 협조적이고 손해라고 판단되면 완강해진다. 문제는 그 판단이 사실이 아니라 자기 틀에 의한 해석이라는 데 있다.

예컨대 술자리는 한국 문화에서 흔하다. 누군가 종교적·건강상의 이유로 술을 사양한다면 그것은 그 사람의 틀이다. 그 틀을 존중하고 술 대신 차나 음료로 대체해도 얼마든지 대화는 이어진다. 그러나 이렇게 말하는 순간에 문제가 생긴다.

"어떻게 남자가 술을 안 먹어?"

"술도 못 먹는 사람이 사회생활을 어떻게 해?"

이 말 속에는 이미 하나의 판결이 들어 있다. 술을 마시지 않는 사람은 부족한 사람, 틀려먹은 사람이라는 틀이다. 그 틀이 강해질수록 상대는 '다른 사람'이 아니라 '틀린 사람'이 된다. 남자가 여자를 바라볼 때와 여자가 남자를 바라볼 때 각각 가진 틀로 바라보면 상대는 틀려먹은 사람이 된다. 단지 다를 뿐인데 그것을 틀려먹었다고 단정 내리면 갈등이 시작된다.

화엄경의 '일체유심조(一切唯心造)'는 '모든 것은 마음이 지어낸다.'라는 뜻이다. 행복과 불행도, 의미와 무의미도 사건이 아니라 해석에서 만들어진다. 창조주 하나님의 피조물인 인간은 자기 삶에서 해석의 창조자로 살아야 행복하다. 하나님은 행복을 주시는 분이 아니라 행복의 재료를 주시는 분이다. 그 재료로 어떤 요리를 하느냐는 각자의 틀에 달려있다.

사례) 똑같은 사건을 두고 천국과 지옥을 사는 사람

내적 치유 집단 상담을 진행할 때였다. 어떤 중년 남자가 자기는 어머니를 도저히 용서할 수 없다며 치를 떨었다. 초등학교 5학년 때 모질게 매를 맞은 적이 있는데 그때부터 어머니를 증오했다고 말했다. 거짓말을 했다는 이유로 어머니가 과도한 매질을 했다는 것이다. 제대로 알아보지도 않고 일방적으로 매질을 한 그런 어머니를 용서할 수 없다고 했다. 그 일 때문에 자신의 지금 삶이 그다지 풍요롭지 못하고 인간관계도 썩 좋지 않다고 했다. 그 모든 문제의 원인이 어머니라고 했다.

그 이야기를 듣던 맞은 편 중년 남자가 자신도 초등학교 5학년 때 어머니로부터 모질게 매를 맞았던 적이 있다고 했다. 거짓말을 했다는 이유였다. 똑같은 사건이라며 피차 신기해했다. 분노하던 남자가 물었다.

"당신도 지금 어머니를 용서하지 못하고 살고 있습니까?"

그러자 맞은 편 남자가 정색하며 말했다.

"누가 누구를 용서한다는 겁니까? 자식이 부모를 용서한다는 말이 성립되나요? 저는 그날 이후로 어머니를 원망해 본 일이 단 한 번도 없습니다. 오히려 저는 호되게 매를 맞은 그날 이후 무슨 일이 있어도 거짓말을 해서는 안 된다는 것을 삶의 철칙으로 삼고 살았습니다. 지금 제가 작은 기업을 운영하는 철학도 정직입니다. 지금 제가 누리는 모든 삶은 초등학교 5학년 때 어머니께서 호되게 때려주신 회초리 덕분입니다."

동일한 사건인데 한 사람은 '때문에'로 여겨 분노하고 원망하고 탓하는데 다른 한 사람은 '덕분에'로 여기고 감사하며 자신의 행복과 성공의 비결이라고 한다. 그 차이는 무엇일까? 생각의 방식과 받아들이는 태도에 있다. 처음 남자는 반사적으로 일어나는 생각을 액면 그대로 받아들여 자기중심으로 사건을 해석한 후 복수하겠다고 마음먹었고 다른 남자는 자기의 생각을 다시 생각하고 마음을 '고쳐' 먹었다. 마음을 고쳐먹는 데는 그 사람의 교양, 생각하는 방식, 세계관이 그대로 작동된다.

어떤 마음을 먹는지에 따라 행동이 달라지는 것뿐만 아니라 삶의 방향이 달라진다. 즉, 얼굴이 삶의 이력서라면 마음은 삶의 방향을 이끄는 표지판이다.

일어난 사건 보다 해석에 초점을 두어라.

부부는 인생길의 도반(道伴)

심리학의 아버지 프로이트는 인간의 마음을 측정이 가능한 영역으로 만들었다. 덕분에 우리는 마음을 탐사하고 마음의 작용을 이해하는 일을 더 쉽게 할 수 있게 되었다. 어떤 이는 이 탐사를 위해 아예 세속을 떠나 평생 수행자나 구도자로 살기도 한다.

프로이트의 제자 칼 융이 말하는 인간의 내면세계는 아래와 같다.

부부 완숙의 여정을 융의 심리학으로 설명하면 이렇다.

부부가 남자와 여자로 서로에게 매력을 느낄 때는 페르조나 (Persona)의 만남이다. 페르조나(Persona)란 사회 속에서 개인이 역할과 기대에 맞게 쓰는 사회적 가면으로 자아를 보호하고 다른 사

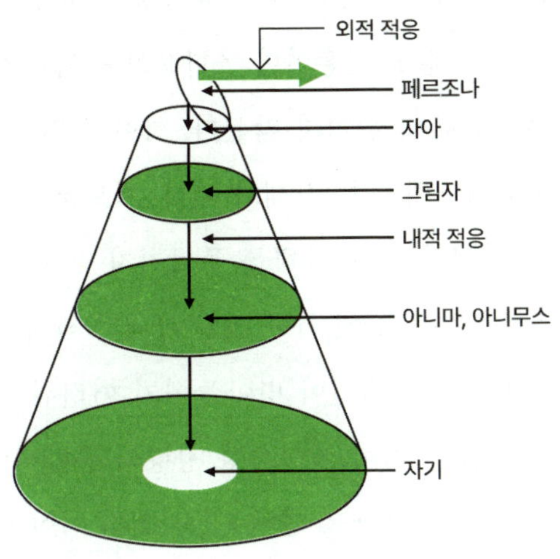

람과 관계를 맺기 위해 형성된 외적 인격을 말한다. 잘 발달된 페르조나는 그 사람의 능력과 외모, 풍채와 아우라 등으로 드러나고 남녀 사이에는 매력으로 등장한다. 사람은 누구나 적절한 페르조나를 가지고 있어야 한다. 페르조나가 있어야 사회 적응을 돕고 관계의 예측 가능성을 높이며 개인의 내면을 과도한 노출로부터 보호한다.

페르조나라는 뚜껑을 열면 자아를 만난다. 자아(Ego)는 '나'라고 인식되는 의식의 중심으로 생각과 느낌, 판단과 선택을 책임지는 주체다. 즉, "내가 느낀다", "내가 판단한다", "내가 선택한다"라고 말할 수 있게 하는 심리적 중심축이다. 부부 사이에 자아가 필요한 이유는 자아가 '우리' 안에서 '나'를 잃지 않게 하는 최소 단위이기 때문이다. 그래서 각자가 건강한 자아상을 가지면 감정을 상대에게 투사하지 않게 되고 불안을 상대 통제 수단으로 바꾸지 않는다. 또 사랑을 의존이나 융합으로 착각하지 않으며 책임을 '우리'라는 말 뒤에 숨기지 않는다. 자아가 없을 때 부부는 동반자가 아니라 심리적 융합 상태가 된다. 페르조나는 부부관계의 문을 열어 주고 자아는 그 관계를 무너지지 않게 지탱한다. 그래서 자아 없는 부부는 사랑에 취한 것이 아니라 책임을 잃은 상태다.

그림자(Shadow)란 개인이 받아들이기 어려워 의식에서 밀어낸 부정적이고 원초적이며 미성숙한 성향의 총합이다. 즉, 인정하고 싶지 않은 나, 부끄럽고 불편한 나, 사회적 자아와 충돌하는 나를 말하며 복잡하게 얽혀 있다고 해서 콤플렉스(Complex)라고도 부른다. 건드리면 발끈하고 분노를 터뜨리는 부분이다.

도무지 해결되지 않는 부부 싸움은 그림자의 발견과 수용이 이뤄지지 않아서이다. 자신의 그림자를 수용하지 못한 사람이 배우자에게 그것을 떠넘기는 비겁함이다. 그림자를 의식하고 수용하지 않으면 부부관계 속에서 반사적인 말과 행동으로 튀어나온다. 내 안의 분노를 배우자를 향한 비난과 공격으로 쏟아낸다. 내 안의 불안을 배우자를 통제하는 것으로 드러낸다. 내 안의 이기심을 상대의 탓으로 돌리고 내 안의 결핍을 부단한 사랑 요구로 드러낸다. 그래서 연애할 때는 Yes!였던 것들이 결혼하면 No!가 되고 밖에 나가서 다른 사람에겐 친절한 사람이 배우자에게만 불친절하고 공격적인 사람이 된다.

그림자 수용(Shadow Integration)은 그림자를 없애는 것이 아니라 내 일부로 인정하고 책임지는 것이다.

"이 감정은 상대 때문이 아니라 내 안에 있다."

"이 반응은 나의 미성숙에서 나온다."

"그래도 이것은 내가 다뤄야 할 나다."

이러한 자기의 무의식적 행동에 대한 인식이 생긴다. 그러면 투사는 멈추고 자기조절이 가능해진다. 그림자를 수용하면 비난이 책임으로, 방어가 성찰로, 통제가 조절로, 관계 갈등이 자기 성장의 에너지로 전환된다. 그래서 그림자를 수용한 사람은 남들이 해 주는 충고를 충고로 받아들이고 고마워하지만 그림자의 수용이 안 된 사람은 남들의 충고를 공격으로 해석하여 분노한다.

아니마와 아니무스는 중년기에 이르면 반드시 도달해야 할 목표이다. 이것은 개인 무의식 안에 존재하는 내면의 반대 성(性) 이미지로 아니마(Anima)는 남성의 무의식 속에 존재하는 여성성의 심리적 원형이고 아니무스(Animus)는 여성의 무의식 속에 존재하는 남성성의 심리적 원형이다. 그래서 중년의 남자는 감정과 공감, 관계 민감성과 수용성이 증가하고 중년의 여자는 이성과 판단, 결단력과 방향 설정이 증가한다.

아니마와 아니무스는 배우자에게서 채우려고 노력하기 전에 이미 내 안에 존재하는 성숙 자원이다. 이 통합이 부족하면 감정을 상대에게 맡긴다. 판단을 상대에게 넘기며 결핍을 사랑으로 착각한다. 그 결과 배우자는 사랑의 대상이 아니라 내 무의식의 대리인이 된다. 그래서 융은 중년기가 되면 양성통합을 이뤄야 한다고 했다. 양성통합이란 남성과 여성의 생물학적 구분을 넘어 내 안의 감정과 이성을 함께 사용할 수 있는 상태다. 감정을 느끼되 판단할 수 있고 공감하되 방향을 잃지 않으며 단호하되 관계를 파괴하지 않는다. 이것이 바로 성숙한 자아의 토대이고 통합된 양성성(Androgeny)이다. 양성통합에 실패하면 감정 처리를 전부 배우자에게 맡기고 결정을 못 하면서 지지는 요구하고 공감만 원하거나 판단만 강요한다.

자아실현(Self-realization)은 자아가 무의식의 요소들(그림자, 아니마·아니무스 등)을 통합하여 자기(Self)의 질서 안에 자리 잡는 과정이다. 즉, 분열된 내면이 통합되고 투사가 줄어들며 삶의 중심이 외부가 아니라 자기에게 놓이는 상태다. 자아실현은 심리적 성숙의 방향이다.

부부관계에서 자아실현은 부부가 서로를 자기완성의 도구로 쓰지 않을 때 이루어진다. 이 단계에 이르면 배우자는 더 이상 나의 결핍을 채워주는 대상이나 나를 증명해 주는 존재, 나 대신 살아주는 사람이 아니다. 배우자는 이미 자기 삶을 사는 또 하나의 주체이면서 나에겐 완전한 객체다.

자아실현 이전의 결혼은 쉽게 의존과 투사, 통제로 미끄러진다. 미통합된 그림자는 갈등을 유발하고 미분화된 자아는 융합을 초래하고 미완성된 아니마와 아니무스는 역할을 강요한다. 자아실현은 이 모든 심리적 부담을 배우자에게서 회수하는 과정이다. 그래서 자아실현에 가까운 부부는 각자 자기 삶의 중심을 가지고 있다. 갈등이 생겨도 정체성은 무너지지 않는다. 사랑이 의무나 구원이 아니다. '우리' 속에서도 '나'가 살아 있어 함께 있어도 자기 자신을 잃지 않는다.

이 수준에 이르면 부부는 인생길의 영적 도반(道伴)이다. 이들 중에는 간디처럼 졸혼(卒婚)을 선언하기도 한다. 졸혼을 사상적·윤리적으로 가장 분명하게 정의한 인물은 마하트마 간디이다. 간디의 졸혼은 지긋지긋해서 헤어지자는 현실에 대한 도피나 외면 차원의 졸혼과 다르다. 간디가 아내 카스투르바 간디에게 선언한 것은 관계의 종료가 아니라 관계 방식의 전환이었다. 법적·윤리적 결혼 관계 유지, 상호 존중과 책임 유지, 성적 관계만 자발적으로 중단하고 각자의 영적 소명과 자유를 확장하는 것이었다. 이별이 목적이 아니라 영적 훈련과 공공적 소명에의 헌신이었다. 간디의 졸혼은 서로를 묶어 두던 요구에서 자유롭게 하자는 제안이었다. 즉, 간디는 아내를 떠난 것이 아니라 아내를 소유하려는 방식을 떠났다.

배우자를 인생길의 도반으로 여겨라.

지·정·의를
구분하라

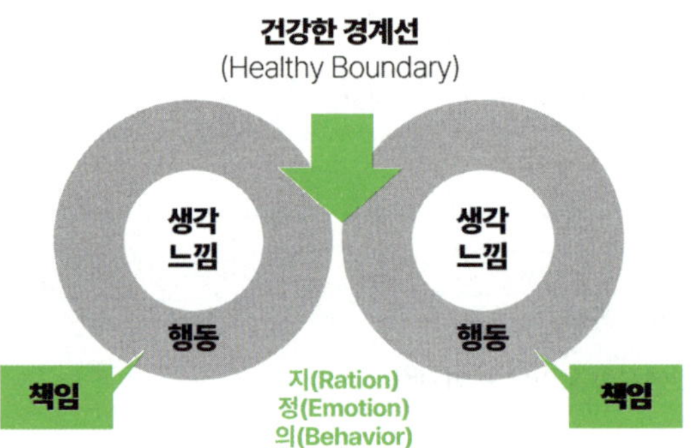

우리는 흔히 마음이라고 하면 감정을 가장 먼저 떠올린다. 그러나 마음은 감정 하나로 환원되지 않는다. 마음은 전인격적 구조로 지성(知)·감성(情)·의지(意)라는 세 영역을 모두 포함한다. 사람은 누구나 이 세 요소를 가지고 있으며 부부가 되었다고 해서 이 구조가 하나로 합쳐지지는 않는다. 결혼은 두 사람이 관계로 연결되는 것이지 지·정·의가 융합되어 하나 되는 사건이 아니다.

부부가 되어도 각자의 지·정·의는 독립적으로 작동하고 관계 속에서 서로 영향을 주고받는다. 그러나 가장 기본적인 전제는 분리다. 아무리 부부라 하더라도 상대의 생각과 느낌은 알 수 없다. 생각과 감정의 영역에는 윤리나 도덕이 직접 적용되지 않는다. 무슨 생각을 하든 어떤 감정을 느끼든 그것은 전적으로 개인의 내면 영역이다. 다만, 그 생각과 감정을 표현하고 행동으로 옮기는 순간 의지가 개입되며 의지를 동원해 선택한 말과 행동에는 반드시 책임이 따른다. 생각과 느낌이 일치할 수도 있고 일치하지 않을 수도 있다. 성숙한 사람과 미성숙한 사람을 가르는 기준은 무엇을 느끼느냐가 아니라 무엇에 책임을 지려 하는가이다. 책임을 질수록 성숙한 사람이고 책임을 회피할수록 미성숙한 사람이다.

부부 갈등을 잘 해결하지 못하는 경우는 인지·정서·의지가 뒤섞여 있다는 걸 모를 때다. 생각의 문제를 감정으로 풀려 하고 감정의 문제를 의지로 밀어붙이며 의지의 문제를 사랑의 문제로 착각한다.

지(知)는 인지의 차원이다. 현실을 이해하고 해석하는 능력이며 사실 판단, 의미 부여, 신념과 가치관, 결혼관과 인간관이 여기에 속한다. 이 영역에서 던져야 할 질문은 단 하나다.

"나는 이 상황을 어떻게 이해하고 있는가?"

정(情)은 정서의 차원이다. 느끼고 반응하는 감정 체계로 기쁨과 분노, 슬픔과 불안, 애착과 외로움, 기대와 실망이 여기에 포함된다. 이 영역의 핵심 질문은 이것이다.

"나는 지금 무엇을 느끼고 있는가?"

의(意)는 의지의 차원이다. 선택하고 지속하며 책임지는 능력이다. 결단, 인내, 행동의 지속성, 그리고 자기조절이 여기에 속한다. 이 영역의 질문은 분명하다.

"그래서 나는 무엇을 선택하고 무엇을 감당할 것인가?"

이 세 영역을 구분하지 못하면 부부는 서로 엇나간 방식으로 반응한다. 교류분석(T.A)에서 말하는 교차 교류가 일어난다. 한쪽은 생각의 문제를 말하는데 다른 한쪽은 감정으로 반응한다. 나는 감정의 문제를 호소하는데 상대는 의지로 밀어붙인다. 그리고 의지의 문제인데 사랑의 문제로 둔갑시킨다.

"당신은 늘 그렇게 생각하잖아."

이것은 인지 차원의 의견을 감정이나 성향의 문제로 바꿔 사람 자체를 규정해 버리는 오류다.

"마음이 힘든 건 알겠는데, 그 정도는 참아야 하는 거 아냐?"

이것은 정서 문제를 의지 문제로 압박하는 경우다.

아내 : 이번 주엔 아이 병원 같이 가기로 했잖아.

남편 : 난 그렇게까지 중요한 일이라고는 생각 안 했어.

실제 문제는 약속을 지킬 것인가 말 것인가 하는 의지의 문제인데, '중요하다고 생각하지 않는다.'는 인지 문제로 둔갑한 경우다.

성숙한 인격이란 지·정·의 중 하나가 강한 사람이 아니라 세 영역을 구분하고 조율할 수 있는 사람이다. 생각은 생각으로 다루고 감정은 감정으로 존중하며 선택에는 책임을 진다. 부부가 이 구분을 하지 못하면 관계는 혼란 상태에 머문다.

부부행복백신 : 구분

지·정·의를 명확히 구분하여 공정하게 처리하라.

행복의 40%는
오롯이 내 책임

♦ ♦ ♦

행복은 외부 조건이 아니라 내부 역량의 결과다. 긍정심리학자 소냐 류보머스키 교수(미국 캘리포니아 대학교 리버사이드)는 행복의 조건을 이렇게 나눈다. 유전적 요인 50%, 외부적 요인 10%. 이 외부요인이 흔히 사람들이 생각하는 행복의 조건인 돈, 배우자, 학력, 인맥과 같은 것들이다. 그리고 개인적인 조건이 40%이다. 즉 개인의 성격, 세계관, 대화법, 갈등 해결 능력 등 개인의 역량이 나머지 40%를 결정한다는 뜻이다. 그래서 같은 환경에서도 어떤 사람은 감사하며 살고 어떤 사람은 불평하며 산다. 그 차이는 조건이 아니라 해석 능력, 곧 인격의 수준이다.

감정 조절 수준이 곧 행복의 한계선이다. 행복은 좋은 일이 많아서 생기는 것만이 아니라 감정을 다루는 능력만큼 누린다. 작은 불편에도 폭발하는 사람은 아무리 좋은 조건 속에서도 불행하다. 어려움 속에서도 감정을 안정시키는 사람은 환경이 부족해도 평안을 유지한다. 행복은 정서적 근육이 튼튼해야 한다.

또한 관계 수준이 곧 행복의 수준을 결정한다. 행복은 결국 관계에서 온다. 그러나 관계는 자동으로 좋아지지 않는다. 관계를 잘 유지하려면 건강한 경계선을 설정해야 하고 공감 능력과 언어 능력이 요구되며 타인을 존중하고 배려하는 성품과 자기 통제력이 필요하다. 이 수준이 낮으면 오해와 집착, 비교와 비난으로 관계를 망치고 스스로 행복을 파괴한다.

행복을 줘도 못 누리는 사람의 다섯 가지 특성을 보자.

첫째, 자기감정이 기준이 되는 사람이다. 자기 기분이 좋으면 천국, 기분이 나쁘면 지옥이다. 감정 중심 인생은 행복의 지속성을 파괴한다.

둘째, 모든 문제의 원인을 밖에서 찾는 사람이다. 늘 피해자 포지션에 서 있는 사람은 평생 행복해질 수 없다.

셋째, 관계에서 이기려는 사람이다. 이기면 자존심은 살지만 관계는 죽는다. 관계가 죽으면 행복도 함께 사라진다.

넷째, 감사보다 결핍에 집중하는 사람이다. 이미 가진 것보다 없는 것에 초점을 두는 순간 행복의 문은 닫힌다.

다섯째, 욕구를 통제하지 못하는 사람이다. 쾌락은 잠깐이나 후회는 오래간다. 절제 없는 삶은 행복을 갉아먹는다.

그렇다면 행복을 누리는 다섯 가지 훈련은 무엇일까?

첫째, 감정 조절 훈련이다. 즉각적 반응, 무의식적 반응이 아니라 심사숙고한 후 어떻게 대처할지를 선택한다. 행복한 사람은 감정에 끌려가지 않는다. 감정을 이긴다기보다 다룬다.

둘째, 해석 훈련이다. 사건보다 의미를 다루는 힘이다. 같은 상황에서도 누구는 감사하고 누구는 불평한다. 행복은 현실이 아니라 현실을 해석하는 방식에서 갈린다. 피해자 코스프레를 하면 불행하고 의미로 전환시키면 행복하다.

셋째, 관계 훈련이다. 이해받으려고만 하지 말고 이해하라. 행복은 혼자 누리는 감정이 아니라 관계 속에서 증폭되는 상태다. 요구형 인간에서 공감형 인간으로 바뀌어야 한다.

넷째, 책임훈련이다. 탓하기를 줄이고 선택을 늘려라. 행복하지 않은 사람의 공통 언어는 "~ 때문에", "저 사람이 문제야."이다. 그러나 행복은 환경이 아니라 내 선택의 결과라는 사실을 인정할 때 시작된다.

다섯째, 절제 훈련이다. 욕구를 통제할 줄 아는 힘이다. 충동적 소비, 감정적 언어, 즉흥적 결정을 제어할 줄 안다. 절제는 행복을 지키는 안전띠다.

행복도 훈련으로 가능하니 늘 자신을 훈련하라.

부부는
일심동체 아니다

◆ ◆ ◆

"부부는 일심동체다."

이 말은 사랑의 절정처럼 들린다. 그러나 이 말이 오해되는 순간 사랑의 언어는 관계를 억압하는 언어로 바뀐다. 생각이 달라도, 감정이 달라도, 욕구가 달라도 "우린 하나니까."라는 말로 덮어버리면 차이는 존중의 대상이 아니라 교정의 대상이 된다. 그때부터 부부는 서로를 이해하려 하기보다 상대를 나와 같게 만들려 애쓴다.

많은 부부 갈등의 밑바닥에는 이 전제가 깔려 있다.

"부부니까 너는 나처럼 느껴야 해."

"부부인데 왜 그렇게 다르게 생각해?"

"사랑한다면 이 정도는 당연히 맞춰야지."

이 말들은 친밀함의 표현처럼 보이지만 실제로는 상대의 자아를 무력화시키는 요구다. 한 사람이 아프면 다른 한 사람도 똑같이 아파야 하고 한 사람이 불편하면 다른 한 사람도 함께 불편해야 한다는 논리가 만들어진다. 그렇게 되면 부부는 서로를 돌보는 관계가 아니라 서로의 감정에 발목 잡히는 관계가 된다.

부부는 하나의 자아가 아니다. 부부는 두 개의 자아가 관계를 맺는 공동체다. 각자는 서로 다른 성장 배경, 애착 경험, 감정 처리 방식, 욕구 체계를 가지고 있다. 이 차이는 결혼과 함께 사라지지 않는다. 오히려 가장 가까운 관계 안에서 더 선명하게 드러난다. 문제는 다름 그 자체가 아니라 그 다름을 없애려는 시도다.

네모인 남자와 동그라미인 여자가 만나 부부가 되었다고 해 보자. 각각은 이렇게 생각한다.

남자 : 어떻게 사람이 둥글 수가 있어?

여자 : 어떻게 사람이 각이 질 수가 있어?

부부가 한 몸이라고 여기는 남자와 여자는 상대를 뜯어고치려 한다. 네모인 남자는 동그라미를 두들겨 각을 만들려 하고 동그라미인 여자는 네모인 남자의 각을 없애려 망치질한다. 그렇게 세월이 흐르니 온전했던 네모는 이도 저도 아닌 이상한 모양새가 되었고 온전했던 동그라미 역시 울퉁불퉁 엉망이 되었다. 본래의 특성도 잃어버리고 상처만 남았다.

일심동체라는 말이 특히 위험해지는 때는 갈등 상황이다. 갈등

은 본래 우리는 다르다는 사실을 확인하는 과정인데 일심동체의
논리는 갈등 자체를 부정한다. 다르면 안 되고 어긋나면 안 되며
불편하면 곧바로 하나로 맞춰야 한다는 압박이 생긴다. 그 결과
한쪽은 참는 사람이 되고 다른 한쪽은 모르는 사람이 된다. 참는
쪽은 점점 속이 썩고 모르는 쪽은 점점 둔감해진다.

건강한 부부는 끝까지 둘로 남아 있는 부부다. 여기서 말하는
둘은 거리감이 아니라 경계가 있는 친밀함이다. 나는 나로 서 있
고 너는 너로 있으면서 그 사이를 연결하는 다리로 관계를 선택하
는 것이다. 그래서 성숙한 부부는 이렇게 말할 수 있다.

"나는 이렇게 느끼는데 너는 다를 수 있구나."

"네가 아직 이해되지는 않지만 이해하려고 노력할게."

이때 갈등은 싸움의 이유가 아니라 서로를 더 깊이 알아가는
통로가 된다. 부부에게 필요한 것은 일심동체가 아니라 일심(一
心)이되 이체(二體)다. 마음을 함께하려는 의지는 공유하되 자아
를 하나로 합치려 들지 않는 성숙함이다. 부부는 하나가 되어 평
화로운 것이 아니라 둘로 남아 있으면서 관계를 포기하지 않기 때
문에 성장한다. 부부가 일심동체라는 말을 진리로 믿는 사람은 결
혼 후 자신의 want를 must로 바꾸기 쉽다. 남편이라면, 아내라면
이래야 한다는 당위가 관계를 지배한다.

하나가 되려고 애쓰기보다 온전한 둘로 바로 서라.

한 몸이 될 때는
섹스할 때뿐

✦ ✦ ✦

한 몸(one flesh)은 언제의 상태를 말하는가? 말 그대로 부부가 섹스할 때다. 부부는 성교의 순간에만 완전히 한 몸이 된다. 한 몸은 상시적 상태가 아니라 일시적 사건(event)이다. 일상에서 부부는 두 사람으로 살아간다. 그러다 섹스라는 특정한 순간 안에서만 신체적으로, 감각적으로 밀도 높게 하나가 된다. 섹스는 인간에게 허락된 유일한 신체적 완전 합일의 시간이다. 두 개의 몸이 각자의 경계를 잠시 내려놓고 물리적으로 하나가 되는 경험이다. 그러나 이때도 자아는 사라지지 않는다. 몸은 하나가 되지만 인격은 유지된다.

안타깝게도 오늘날 많은 부부가 이 '한 몸'의 경험을 잃고 산다. 한국의 섹스리스 현상은 이미 심각한 수준이다. 여러 조사에서 한국 부부의 섹스리스 비율은 40%를 넘는다. 일본은 그보다 더 높아 47%를 넘는다고 한다. 오은영 박사는 1년간 10회 미만, 월 1회 이하의 성관계를 섹스리스로 정의한다. 필자가 상담과 세미나 현장에서 체감한 수치는 이보다 더 높았다.

인간은 영적 동물이기 때문에 섹스 역시 단순한 생리 행위로 끝나지 않는다. 섹스는 신뢰 없이는 불가능하기에 상대에게 자신을 온전히 맡겨야 한다. 그래서 부부의 섹스는 몸을 통해 연결되는 깊은 상호 신뢰의 선언이다. 말하지 않아도 전달되고 설명하지 않아도 느껴지며 판단보다 신뢰가 먼저 요구된다. 섹스는 영혼이 몸을 통해 말하는 유일한 언어다. 동시에 섹스는 인간에게 영적 흔적을 남긴다. 사랑받았다는 기억, 존중받았다는 기억으로 남을 수도 있고 소모되었다는 기억, 버려졌다는 기억으로 남을 수도 있다. 그래서 섹스는 축복이면서도 위험하다.

만약 부부가 늘 감정도 하나, 생각도 하나, 욕구도 하나여야 한다면 그것은 사랑이 아니라 융합(confusion)이다. 섹스는 허물어진 경계가 아니라 잠시 열었다가 다시 닫히는 경계다. 일상에서는 반드시 나는 나, 너는 너로 살아야 한다. 섹스의 순간만이 예외다. 따라서 한 몸은 늘 유지해야 할 상태가 아니라 조심스럽게 드나들어야 할 성역이다. 부부는 일상에서 두 사람으로 살아가되 섹스의 순간에만 한 몸이 된다. 그것이 부부관계의 신비이자 질서다. 따라서 섹스가 끊긴다는 것은 성생활만 사라진다는 뜻이 아니라 부부관계에서 한 몸이 되는 통로가 닫힌다는 의미다.

섹스리스 상태에서도 부부는 여전히 부부일 수 있다. 책임과 역할도 유지된다. 남들 보기에는 문제없는 부부처럼 보일 수도 있다. 그러나 몸의 언어가 사라진 관계는 연결의 밀도를 유지하기 어렵다. 그래서 섹스가 끊긴 부부는 의도하지 않아도 서서히 '두 사람'으로 흩어진다. 한 몸이라는 개념이 약해지는 것이 아니라 한 몸을 경험할 자리가 사라지는 것이다. 이 때문에 섹스 없는 결혼 생활은 대개 정서적 단절로 이어진다. 정서적 단절은 갑자기 오지 않는다. 그것은 몸의 연결이 끊긴 자리에 서서히 자라난다. 여기에 더해 성(性)을 영성에서 분리하는 태도가 이 단절을 가속한다. 성과 성스러움을 서로 배타적인 영역으로 취급할 때 인간은 자기 자신을 둘로 쪼개기 시작한다. 영적인 나는 깨끗해야 하고 성적인 나는 숨겨야 하며 욕망은 통제의 대상이 된다. 이때부터 인간은 몸을 불신하고 욕망을 죄책감으로 다루며 관계를 긴장 속에서 유지하게 된다.

그러나 성(性)을 분리한 영성은 사람을 거룩하게 만들지 않는다. 오히려 사람을 위선적이거나 왜곡된 존재로 만든다. 성경이 섹스를 결혼 안에 두고 '한 몸'이라는 강력한 언어로 표현한 이유는 분명하다. 성은 억눌러야 할 것이 아니라 사랑 안에서 정돈되어야 할 힘이기 때문이다. 섹스는 부부가 한 몸임을 경험하는 자리다. 그 자리가 사라지면 한 몸의 감각도 함께 약해진다.

그렇다고 해서 섹스만을 떼어내 강요하는 것은 더 위험하다.

섹스를 의무로 만들수록 관계는 오히려 멀어진다. 인간에게 섹스는 기술이나 역할이 아니라 신뢰 위에서만 가능한 행위이기 때문이다. 섹스를 강요받는 순간 그것은 만남이 아니라 요구가 되고 초대가 아니라 압박이 된다. 이때 섹스는 한 몸을 회복시키는 통로가 아니라 상대의 경계를 침범한 경험으로 저장된다. 그래서 섹스를 강요할수록 마음은 닫히고 신뢰는 더 약해진다. 섹스의 회복은 기술의 문제가 아니라 신뢰의 회복이다.

사랑과 신뢰를 바탕에 둔 한 몸 경험을 자주 하라.

인격적 존중 없이
속궁합을 맞출 수 없다

"잠자리가 좋으면 모든 건 다 해결돼."

부부 갈등을 진지하게 다루지 않을 때 흔히 등장하는 말이다. 마치 섹스가 모든 문제를 단번에 해결해 줄 마법의 열쇠처럼 들린다. 그래서 많은 부부가 관계의 문제를 대화·신뢰·책임의 영역이 아니라 침실의 문제로 환원한다. 특히 남자들은 침실에서 쉽게 영웅이 되려 한다. 그러나 현실은 정반대다. 속궁합이 좋아도 갈등은 생기고 갈등이 깊어지면 속궁합도 반드시 무너진다. 성(性)은 관계의 대체물이 아니라 관계의 결과이자 반영이기 때문이다. 왜 '좋은 섹스'가 갈등을 없애주지 못하는지, 그리고 왜 갈등이 해결될 때 비로소 섹스가 회복되는지를 알아야 한다.

성의 뉘앙스는 남자와 여자라는 생물학적 존재를 떠올리기 십상이다. 그래서 결혼이란 남자와 여자가 한 몸, 한 육체가 되는 과정이요 한 육체가 되는 시간은 성교의 시간이다. 사람은 성을 통해서 한 몸이 되는 시간을 갖는다. 이때만큼은 한 몸이어야 한다. 그러나 인격적 존중이 없고 성적 차이에 대한 지식도 없이 속궁합을 맞출 수는 없다. 속궁합이 맞다는 말은 성생활의 만족도가 월등하게 높다는 뜻이고 그것은 오르가슴을 비롯한 전희와 후희, 정서적 교류, 나눔의 시간이 아주 풍성하다는 뜻이다. 인간의 성은 전인격적 존중 없이 그런 합일점에 도달할 수 없도록 설계되어 있다. 따라서 부부의 성생활을 탐구하면 부부간의 사랑, 배려와 존중, 각각의 인격적 수준을 정확히 탐지할 수 있다.

"가족끼리 그런 거 하는 거 아니에요."

이렇게 말하는 사람은 성에 대해 제대로 알지 못한 사람이다. 또한 자신의 부부관계가 소원과 단절 상태라는 것을 알리는 사람이다. 이 사람에게 성은 혐오자극이고 생물학적 본능일 뿐이며 어른이 되고 결혼했으니 마땅히 응해주어야 할 의무일 뿐이고 그다지 재미도 없고 즐겁지도 않고 자랑하고 싶지도 않은 일일 뿐이다.

결혼했는데 섹스를 안 한다는 것은 섹스가 선호 자극이 아니라 혐오 자극이기 때문이다. 성을 최고의 즐거움으로 인식하고 실제로 그렇게 누리고 산다면 굳이 안 할 이유가 없다. 안 한다는 말은 재미도 없고 좋지도 않고 의미도 모르겠고 귀찮기만 하고 그다지

끌리는 그 무엇이 아니란 뜻이다. 아마도 섹스리스로 인해 파생되는 문제는 음란문화의 발흥일 것이다. 부부 안에서 건강한 성생활이 안 되면 밖에서 병리적이고 퇴폐적인 성 문화가 커질 수밖에 없다.

성은 단순히 생물학적 결합이 아니다. 인간의 성은 종족 보존을 위한 목적으로 사용하는 동물의 성과 다르다. 물론 유인원 중에 보노보 같은 종은 사람처럼 눈과 눈을 마주 보는 체위로 성관계하고 애무도 한다. 그런 특성 때문에 유원인 중 가장 친밀도가 높다. 그러나 동물들의 체위는 대체로 후배위가 많다. 그래서 교미(交尾)라고 한다. 그러나 사람은 교미라는 용어 대신 성교(性交)라고 하고 영어로는 intercourse라고 한다. 즉 단순히 생식적인 교합이 아니라 전인격적 연합이라는 뜻이다. 그러려면 상대를 위한 배려가 선행되어야 한다. 남자와 여자의 성은 원초적으로 다르게 설계되어 있는데 특히 남자의 배려가 있어야 여자는 절정에 이를 수 있다.

남자는 성관계를 갖기 위한 준비시간이 따로 필요 없다. 발기하는 데까지 몇 초면 된다. 오래 걸린다 해도 1, 2분이면 충분하다. 이에 반해 여자는 최소 10~20분의 준비시간이 필요하다. 사랑의 대화와 로맨틱한 분위기, 부드러운 애무의 과정을 통해 몸이 예열되고 질에서 분비액이 나와 남근을 받아들일 준비를 한다.

남자가 성적 쾌감을 느끼는 것은 페니스로 귀두 부분에 온 신경이 집중되어 있다. 반면 여자는 음핵(클리토리스)을 통해 성적 쾌감을 느낀다. 남자의 성기가 돌출되어 있듯 여자의 음핵도 돌출되어 있다. 겉으로 보기에는 조금만 나와 있지만 몸속에 들어 있는 Y자형의 클리토리스는 남자의 귀두 크기보다 기본 네 배가 크다. 즉 남자가 느끼는 쾌감의 크기가 100이라면 여자가 느끼는 쾌감의 크기는 400이다. 게다가 남자는 일회성이라 사정하고 나면 극심한 피로감을 느끼며 곯아떨어지지만 여자는 멀티 오르가슴이 가능하다. 심지어 남자의 생식기가 삽입되지 않은 상태에서도 오르가슴이 가능하며 4~5회의 멀티 오르가슴도 가능하다. 그렇다면 남자가 100의 쾌감을 느낄 때 여자는 최소 400에서 1600 정도의 쾌감을 느낀다는 설명이 된다.

여성의 오르가슴은 단순한 쾌감 이상인데 의지로 통제하기 어려운 강렬한 신체·정서적 경험이다. 프랑스 문화권에서는 이 순간을 '작은 죽음(la petite mort)' 이라 부른다. 이는 자아의 통제와 긴장이 잠시 풀리는 상태를 은유적으로 표현한 말이다. 이 점을 이해하면 흔히 회자되는 "남성의 외도는 돌아올 수 있지만 중년기 여성의 외도는 돌아오기 어렵다."는 말이 어느 정도 설명이 된다. 문제는 성행위 그 자체가 아니라 그 안에서 처음으로 경험한 강렬한 쾌감과 전인적 연결이다. 남편과의 섹스에서는 단 한 번도 느껴보지 못했던 오르가슴과 정서적 결합을 외부 관계에서 경험한 여성은 결혼과 가족을 삶의 중심으로 놓고 붙잡고 있던 끈을 놓아버리기도 한다.

그만큼 여성의 성은 원초적으로 깊고 강렬한 구조를 지니고 있다. 성은 단순한 행위나 기능을 넘어 생물학적으로, 또 심리적으로도 여성에게 훨씬 더 총체적인 경험으로 작동한다. 몸의 반응과 감정, 의미와 관계가 분리되지 않은 채 하나의 사건으로 묶여 나타나는 것이 여성의 성이다. 그러나 인류의 역사 속에서 이러한 여성의 성은 대부분 폐쇄되거나 억압됐다. 여성의 성은 주체가 경험하는 내면의 사건이 아니라 힘을 가진 남성에 의해 소유되고 관리되는 대상, 전리품이나 보상품처럼 취급됐을 뿐이다.

성은 이기적 속성을 가질 때 혐오 자극이 된다. 갑자기 충동이 생긴 남편이 아직 준비도 안 된 아내에게 덤벼들어 일방적으로 깃발을 꽂으면 여자는 아프고 불편하고 짜증이 나기 마련이다. 분비액이 충분히 나와 윤활 작용이 되어야 하는데 질 내부가 마른 상태에서 남성의 생식기가 들어가면 여성은 고통을 겪게 된다. 마치 마른 피부를 사포로 문지르는 것 같은 불쾌감을 준다. 그래서 비명을 지를 수밖에 없고 기분 좋은 응대를 해 줄 수가 없다.

남편의 충분한 배려, 즉 자신의 욕구가 이미 차오른 상태에서도 아내의 준비되는 시간을 존중하며 기다려주고 애무와 분위기를 만들며 속도를 맞춰주는 배려를 받을 때 여성은 이미 정서적 차원의 오르가슴을 경험한다. 여성에게 성은 몸이 먼저 열리는 사건이 아니라 마음이 열릴 때 비로소 몸이 따라오는 과정이기 때문이다. 반면 남성은 마음이 열릴 때 몸이 열리기도 하지만 때로는 마음이 충분히 열리지 않은 상태에서도 신체적 반응이 먼저 일어날 수 있는 존재다. 이 차이를 이해하지 못하면 성은 교감이 아니라 오해의 반복으로 남는다.

그렇다면 늘 남편만 배려해야 하는가? 그렇지 않다. 갑작스러운 성적 욕구를 느낀 남편이 접촉을 원할 때 아내 역시 자신의 상태를 고려한 선에서 손을 통한 애무나 구강 자극과 같은 방식으로 응답해 줄 수 있다. 흔히 '스피드 섹스'라 불리는 이러한 방식은 아내에게 욕구가 없더라도 갑자기 욕구가 생긴 남편을 배려하는 하나의 선택이 될 수 있다. 이때 아내의 흔쾌한 응답은 남편에게 '사랑받고 있다'는 강한 정서적 신호로 전달된다. 반대로 남편의 욕구를 짐승 취급하듯 몰아붙이거나 날카롭게 거절하면 남편은 모멸감을 느끼기 쉽고 이러한 경험이 반복되면 이후의 성적 관계에서 위축과 불안을 낳아 성기능 저하로까지 이어지기도 한다.

내가 받고 싶은 대로 먼저 배우자에게 해 주어라.

MARRIAGE MYTHS
VACCINE

4

행복한 부부는
정말 안 싸울까?

　부부 싸움의 유무를 부부 결속의 척도로 여기는 사람들이 있다. '행복한 부부는 싸우지 않는다.'는 생각이다. 이것 역시 전형적인 통념 바이러스 증상이다. 행복한 부부도 갈등을 겪는다. 다만 그 갈등을 통해 서로를 더 잘 알게 되고 자기 자신을 돌아보며 관계를 조정해 간다. 부부 싸움도 의사소통이다. 다툰다는 것은 여전히 상대에게 말하고 있다는 뜻이며 관계를 포기하지 않았다는 신호이기도 하다. 오히려 아무 말도 하지 않는 상태, 감정도 기대도 내려놓은 상태가 더 위험하다. 전혀 싸우지 않는 부부는 대개 두 부류다. 하나는 성향과 욕구가 맞아떨어지는 '천생연분'과 다른 하나는 이미 체념한 채 감정을 접고 평화로운 척하는 '디스플레이' 부부다. 겉으로는 조용하지만 속은 늘 전쟁 중이다.

문제의 유무가 부부관계의 측정 기준 아니다

부부 상담을 신청해 놓고 당일에 혼자 오는 여성이 있다. 그녀의 남편은 이렇게 말한다고 한다.

"난 아무 문제 없어. 내가 왜?"

아이러니하게도 이 말은 '나야말로 가장 큰 문제를 가진 사람이다.'라는 선언이다. 문제의 유무로 부부관계의 결속 정도를 판단하려는 태도 자체가 이미 관계 이해 수준이 낮다는 증거다. 왜냐하면 문제가 있어도 관계가 무너지지 않는 부부가 얼마든지 있기 때문이다. 그들은 문제를 문제로 키우지 않는다. 대화하고 조율하고 합의하는 힘이 있다. 그래서 문제를 해결하는 과정 자체가 다툼의 기록이 아니라 함께 살아온 추억이 되고 관계를 깊게 만드는 자산이 된다.

부부관계는 영화나 드라마와 닮아있다. 이야기가 재미있는 이유는 갈등이 있기 때문이다. 갈등 없는 드라마는 존재하지 않는다. 어느 연예인의 하루를 아침부터 저녁까지 일상 그대로 찍은 영화라면 아무도 보지 않을 것이다. 긴장과 반전이 없기 때문이다. 예능 프로그램도 마찬가지다. 출연자들이 완벽해서가 아니라 실수하고 어설프고 인간적인 모습을 보이기 때문에 시청자의 공감을 얻는다. 그중 〈뭉쳐야 찬다〉나 〈골때녀〉같이 축구하는 예능 프로그램을 볼 때의 즐거움은 자기 분야에선 최고인 사람들이 축구에 관한 한 헛발질과 실수 연발을 할 때 생긴다. 그래서인지 필자는 요즘 〈골때녀〉를 잘 보지 않는다. 처음 실수 연발이었을 때의 통쾌함과 우월감이 이제 선수급의 기량을 가진 그녀들의 경기에선 더 이상 생기지 않기 때문이다.

부부 사이의 문제는 대부분 예기치 않게 찾아온다. 외부 사건으로 생기기도 하고 순간의 감정이나 말 한마디에서 시작되기도 한다. 평소답지 않은 언행, 오해, 타이밍의 어긋남이 문제가 된다. 그래도 그런 크고 작은 문제는 피해야 할 골칫거리가 아니라 의기투합해서 기분 좋게 다뤄야 할 공동 과제다. 그래서 마침내 해결해 냈을 때 부부는 일치감을 느끼고 상호협력자로서 유대감을 강화한다. 또한 고맙게도 그 모든 문제는 세월이 흐르면 추억이란 이름으로 저장되고 언제든 그 추억을 소환하면 행복한 이야기가 된다.

부부 간의 문제 유무는 우리 몸속의 암세포와도 같다. 정상적인 사람의 몸에도 암세포는 존재한다. 그러나 건강한 면역체계가 작동하는 한 암세포가 몸을 지배하지는 못한다. 문제가 있는 것이 비정상이 아니라 면역력이 무너졌을 때 그 문제가 관계를 잠식하는 게 문제다. 문제가 없어서 건강한 부부가 아니라 문제가 생겨도 관계가 무너지지 않는 부부가 건강한 부부다.

그렇다면 부부관계의 면역력은 어디서 생길까? 특별한 기술이 아니라 꾸준한 관리에서 나온다. 몸이 건강해지려면 잘 먹고 잘 자고 적당한 운동을 해야 하듯 관계도 정기적인 돌봄이 필요하다. 부부의 면역력은 데이트에서 회복된다. 함께 여행하고 식사를 하고 공연을 보고 대화를 나누고 부부 프로그램에 참여하는 시간이 관계의 항체가 된다. 그렇게 관리된 관계에서는 문제가 생겨도 치명상을 입진 않는다.

> **부부행복백신 : 면역력**
>
> 문제를 없애려는 노력보다 관계의 회복력을 키워라.

부부 싸움도
의사소통

"두 분은 한 번도 부부 싸움을 제대로 해 본 적이 없습니다."

"아니 선생님, 무슨 말씀을 하세요? 우리 부부는 앙숙도 이런 앙숙이 없고 원수도 이런 원수가 없어요. 만나기만 하면 싸워요. 그런데 부부 싸움을 해 본 적이 없다니요?"

상담실에서 실제로 오가는 대화다. 결혼 20~30년 차 부부에게 이 말을 하면 대부분 이해하지 못한다는 표정을 짓는다. 그러다 다음 설명을 들으면 고개를 끄덕인다.

"두 분은 부부 싸움을 한 게 아니라 상대방에게 빨간딱지만 계속 붙였을 뿐입니다. 세월이 이만큼 흘렀으니 이젠 그 딱지를 붙일 공간이 없을 정도일 겁니다. '저 사람은 어떤 사람이다.', '이 결혼의 잘못은 전적으로 저 사람에게 있다.', '저 사람만 바뀌면 된다.' 등 온갖 딱지들입니다. 그래서 그게 확신으로 굳어졌고 나는 피해자가 되어 늘 억울하고 분할 겁니다. 정작 문제는 단 한 번도 제대로 해결한 적이 없지요. 부부 싸움은 소통의 방식이고 그 뒤엔 각자의 욕구와 요구가 숨어 있는데 그 마음이 제대로 표현된 적이 없고 제대로 수용된 적도 없다는 뜻입니다. 그러니 감정의 골만 깊어져 피차 물귀신처럼 서로를 걸고 넘어지는 방식으로 살아온 거지요."

부부 싸움도 분명 의사소통의 한 방식이다. 화가 났다는 것, 실망했다는 것, 섭섭하다는 것, 감정이 상했다는 것은 모두 하나의 메시지다. 그것은 내 욕구(needs)와 바람(desire)이 지금 거절당했다는 신호다. 그래서 모든 부부 싸움의 이면에는 요구와 욕구의 충돌이 있다.

문제는 싸움 그 자체가 아니라 싸움을 완결하지 못하고 미해결 과제로 남기는 방식이다. 건강한 부부 싸움은 시작과 끝이 있다. 싸움이 충분히 진행되고 마무리되면 부부는 서로의 욕구를 더 또렷하게 이해하게 된다.

"아, 이 사람이 여기서 이렇게 예민해지는 이유가 있었구나."

이 깨달음이 쌓일수록 관계는 오히려 더 단단해진다. 그러나 많은 부부는 싸움을 하면서도 정작 소통을 하지 않는다. 같은 말을 반복하고 같은 장면을 되풀이하며 같은 결론으로 돌아온다. 왜 그럴까? 싸움의 목적이 배우자에 대한 이해가 아니라 자기 옳음에 대한 증명이기 때문이다.

"역시 넌 그런 사람이야."

"봐라, 내가 그렇다고 말했지?"

그래서 싸움의 마지막은 늘 판결이 된다.

진짜 부부 싸움은 상대를 이기기 위한 것이 아니라 상대를 더 알기 위한 과정이다. 싸움이 끝났을 때 누가 이겼는가가 아니라 무엇을 알게 되었는가가 남아야 한다. 그래야 비로소 부부 싸움이 관계를 해치는 무기가 아니라 관계를 깊게 만드는 언어가 된다.

어떤 여성이 홀로 상담실을 찾아왔다. 걸핏하면 화를 내고 물건을 부수고 독설적인 언어를 퍼붓는 남편 때문에 너무 힘들다고 했다. 그래도 성실하게 직장생활을 하니 안정적인 생활은 되는데 집안 분위기가 늘 험악하다고 했다.

"도대체 그 사람 왜 그럴까요?"

혼자라도 상담실을 찾아온 것은 남편을 바꿀 방법을 알기보다 남편의 그런 행동에 대한 궁금증 때문이라고 했다. 필자는 그녀의 말을 충분히 듣고 공감한 후 마음이 차분히 가라앉았을 때 질문을 바꾸어 보라고 했다.

"저 사람, 왜 저럴 수밖에 없을까?"

그날부터 아내는 남편의 행동이 왜 그럴 수밖에 없는지를 생각했다. 질문을 바꾸고 나니 남편한테서 들었던 남편의 어린 시절 이야기가 떠올랐다. 그리고 시댁에 갔을 때 왠지 모르게 무시당하는 모습이 안쓰러웠던 기억도 났다. 그런 생각을 하는 사이에 분노와 답답함은 줄어들고 측은지심이 들었다. 그러던 어느 날, 저녁 식사 중에 느닷없는 분노를 표출한 남편이 물컵을 싱크대에 던져 깨뜨렸다. 예전 같았으면 무섭고 분노가 치밀어 올랐을 텐데 이상하게도 무섭지도 않고 화도 나지 않았다. 그리고 남편에게 이렇게 말했다.

"에고! 당신 참 불쌍하다. 어릴 때 얼마나 사랑받지 못하고 자랐으면 결혼하고도 이렇게 분노가 많을까?"

이 말을 들은 남편은 망부석처럼 멍하니 서 있다가 방으로 들어갔다. 큰 소리가 나진 않았지만 흐느껴 우는 것 같았다. 그 일 이후 남편은 두 번 다시 그런 행동을 하지 않았다.

부부행복백신 : 역지사지

이기려고 말하지 말고 서로를 알기 위해 말하라.

대부분 부부가 빠지는 확증편향의 오류

대부분의 부부 갈등은 첫 싸움에서 시작된 단정에서 굳어진다. 처음 부부 싸움을 할 때 사람들은 쉽게 이런 결론을 내린다.

"당신은 원래 이런 사람이야."

예를 들어 맛있는 반찬이 올라왔는데 "같이 먹자."는 말 한마디 없이 혼자 먼저 먹는 모습을 보고 '저 사람은 무정하고 이기적인 사람이네.'라고 판단했다면 그 이후 모든 언행은 그 판단을 확증하는 증거로만 보이기 시작한다. 이것이 바로 심리학에서 말하는 확증편향(confirmation bias)이며 반복의 오류다. 첫인상의 법칙, 초두효과라는 말과도 연관이 있는데 처음 어떤 사람을 보았을 때 어떻다는 생각이 들면 그다음부터는 그의 모든 언행이 그것을 증명하는 것이 된다는 이론이다.

반복의 오류란 부정적인 해석을 계속 되새기다가 원래의 사건과는 무관하게 그 해석이 하나의 기정사실로 굳어지는 현상을 말한다. 생각은 반복될수록 사실처럼 느껴지고 감정은 점점 과장된다. 그래서 반복의 오류를 흔히 눈덩이 이론에 비유한다. 아주 작은 생각에서 출발했지만 굴러갈수록 커져 결국 관계 전체를 덮어버린다. 혼자 담아두고 공상의 세계로 빠지면 이상한 방향으로 갈 수밖에 없는데 나중엔 아무리 돌이키려고 해도 그 생각에서 벗어날 수가 없다.

"그럼 그렇지."

"내 그럴 줄 알았지."

"어쩐지 낌새가 그렇더라니…."

물론 오랜 경험을 바탕으로 형성된 직관(intuition)이나 첫인상의 느낌을 통해 사람을 판별하는 능력과는 구분된다. 직관이 작동될 때는 그 사람의 오랜 경험과 지식을 바탕으로 두고 있어 주관적인 요소가 없진 않지만 그래도 꽤 객관적 요소가 많다. 어떤 면에선 전문적인 기술이라고도 볼 수 있다. 그런데 확증편향은 그런 객관적인 근거를 바탕으로 하지 않고 지극히 개인적인 판단이기 때문에 위험하다.

그래서 상담 현장에서 배우자의 장점이나 강점을 이야기하면 어떤 부부는 오히려 당황하거나 불쾌해하며 이렇게 말한다.

"몰라서 그렇게 말씀하시는 거지요."

이미 마음속에 굳어진 사고가 있기 때문이다. 이런 부부에게는 혼자만의 사고를 깨뜨릴 외부의 거울이 필요하다. 다른 부부들과 함께 배우고 나누는 소그룹 모임이 도움이 되는 이유가 여기에 있다. 다른 부부의 이야기를 듣고 다른 관계를 보면 비로소 자신의 패턴을 객관화할 수 있다.

흥미롭게도 배우자에 대한 불만을 모두 적어 보면 불만의 양이 생각보다 많지 않다. 모든 불만은 몇 가지 범주로 압축된다. 마인드맵 방식은 아주 유용하다. 객관적 데이터로 정리된 불만들을 눈으로 보면서 부부는 갈등의 본질이 어떤 사건이 아니라 반복적으로 사용해 온 관계 패턴이었다는 것을 비로소 깨닫는다.

그래서 많은 부부는 각자 나쁘지 않은 사람임에도 불구하고 잘못된 해석과 소통 방식 때문에 관계를 스스로 무너뜨려 왔다. 싸움의 내용이 관계를 깨뜨린 것이 아니라 싸움을 다루는 방식이 관계를 무너뜨린 것이다.

내가 한 해석의 진위를 냉정하게 재해석하라.

갈등과 불일치는
당연한 일상

부부 사이에 갈등이 생기고 의견이 맞지 않는 일은 지극히 자연스러운 현상이다. 한 남자와 한 여자가 만나 결혼을 하면 둘만의 결합이 아니다. 남자의 집안과 여자의 집안, 두 가문의 문화와 가치관이 함께 결합하는 사건이다. 여기에 각자가 자라온 성장 배경, 정서적 경험, 갈등을 다루는 방식까지 더해지면 갈등이 생기지 않는 것이 오히려 비정상에 가깝다. 어린 시절의 애착 경험과 가족 분위기가 결혼 이후의 관계에 결정적 영향을 미친다는 점은 심리학과 부부 상담 분야의 공통된 결론이다.

이 이론을 바탕으로 부부 치료를 체계화한 인물이 하빌 핸드릭스다. 그는 이마고(IMAGO) 부부 치료를 통해 우리가 무의식적으로 어린 시절 형성된 관계 이미지에 끌려 배우자를 선택하고 결혼 이후에도 그 익숙한 관계 패턴을 반복한다는 사실을 밝혔다. 그래서 결혼 초기에 느끼는 강한 끌림은 축복이자 동시에 숙제다. 갈등은 사랑이 식어서 생기는 것이 아니라 각자의 이마고가 충돌하면서 드러나는 성장 과제이기 때문이다. 이마고를 이해하고 공통의 비전과 새로운 관계 방식을 의식적으로 만들어 갈 때 부부는 얼마든지 더 성숙한 관계로 전환될 수 있다.

30년 넘게 서로 다른 환경에서 자란 두 사람이 결혼을 통해 한 공간에서 함께 산다는 건 엄청난 모험이다. 성별의 차이, 생물학적 차이, 문화적 차이, 정서 표현 방식의 차이, 갈등을 회피하거나 직면하는 습관의 차이가 부상한다. 이런 상황에서 의견이 늘 일치하기를 기대하는 것 자체가 비현실적이다. 갈등이 없다는 말이 반드시 행복하다는 것을 의미하지는 않는다. 때로는 한쪽의 침묵과 체념, 혹은 암묵적 항복 위에 유지되는 '조용한 불행'일 수도 있다.

그래서 "우리는 한 번도 싸운 적이 없다."는 말은 신중하게 해석해야 한다. 그것이 높은 인격적 성숙의 결과일 수도 있지만 초기에 형성된 권력 구조가 굳어져 더 이상 말하지 않는 관계일 수도 있다. 겉으로는 평온하지만 실제로는 감정 교류가 끊긴 상태, 즉 전시용 부부(display couple)로 살아가는 경우다. 현관을 나서는 순간 잉꼬부부가 되지만 문을 닫고 들어오는 순간 서로 남남이 되는 아이러니한 장면은 우리 주변에서도 쉽게 볼 수 있다.

중요한 기준은 갈등의 유무가 아니라 갈등을 다루는 능력이다. 건강한 부부는 갈등을 숨기지 않고 파괴하지도 않는다. 갈등을 통해 서로의 욕구를 더 정확히 이해하고 관계의 규칙을 조정하며 더 현실적인 합의를 만들어 간다.

부부행복백신 : 행복의 소재

갈등과 불일치를 행복의 재료로 재활용하라.

관계를 깨뜨리는
네 가지 대화 패턴

미국 시애틀 애정연구소 존 가트맨(J.Gottman) 박사 이야기를 빌려오면 관계를 깨뜨리는 말에는 비난, 경멸, 방어하기, 담쌓기가 있다. 관계를 깨뜨리는 말 또는 이혼으로 가는 지름길이라는 이름으로 소개된다. 어떤 관계든 이 4가지 언어를 쓰면 관계는 반드시 깨진다는 뜻이다.

필자의 상황으로 이야기해 보자. 만약 열심히 무슨 작업을 하던 중 아내에게 물을 달라는 사인을 보냈다. 그 사인을 받은 아내가 물을 가지고 왔다. 무심코 그 물을 벌컥 마셨는데 뜨거운 물이었다. 화들짝 놀라 화를 내면서 이렇게 말한다.

"아이 C! 뜨거운 물을 주면 어떡해?"

그 정도로 말하면 그래도 신사다. 거기에 비난을 퍼붓는 남편도 있을 것이다.

"이 여편네가 남편 죽일려고 작정했나? 아니 뜨거운 물을 주면 어떡하냐고? 이럴 때 미지근한 물이나 찬물을 줘야 하는 거 아냐? 기본도 몰라?"

이런 식이다. 아내가 해야 할 말과 행동에 대한 시나리오를 내가 써 놨고 그 시나리오대로 하지 않는다고 화내는 연출가나 감독이다. 또는 want를 must로 설정했다.

그럴 때 일단 격해진 남편의 감정부터 누그러뜨리는 아내는 아주 많이 성숙한 사람이다.

"미안해. 여보. 난 목에 좋으라고 그랬지."

만약, 아내도 시나리오 작가에 연출가면 이렇게 나온다.

"아니, 뭐 그럼 처음부터 찬물 달라고 하든지. 물 달래서 갖다 줬더니 뜨겁다고 GR이야."

대개의 부부는 이런 식으로 감정 폭탄 도화선에 불을 붙인다. 그러고는 이차 전, 삼차 전, 장기화로 돌입한다. 물론 그 상황에서도 상대방이 문제라고 단정 짓고 본인은 피해자이며 상대방이 바뀌어야 이 문제가 해결된다고 철석같이 믿는다.

이때 다음과 같이 하는 말은 관계를 깨뜨리는 4가지 언어에 해당한다. 존경은 고사하고 기본적인 존중도 안 하는 아주 무식하고 무례한 언어다. 무방비 상대방에게 비수를 꽂는 도발적 언어다. 요즘에 이렇게 말했다간 바로 집에서 쫓겨난다. 한때 유명했던 고

이순재 배우가 연기했던 대발이 아버지의 언어다.

"무슨 놈의 여편네가 뜨거운 물을 가지고 왔어? 내가 뜨거운 물 싫어한다는 것도 몰라?"(비난)

"그런 기본 상식도 모르는 당신 머리는 돌대가리야?"(경멸)

"내가 저런 여자를 마누라로 데려왔다니…."(경멸)

"당신은 어떻게 된 여자가 그렇게 개념이 없어?"(비난)

"뭐 한 가지 제대로 하는 게 없어요. 물 하나도 제대로 못 갖다 주냐?"(비난)

"물 시킨 내가 잘못이지."(방어하기)

"그깟 물 내 손으로 갖다 먹고 말지."(담 쌓기)

물론 이때 황당하고 화가 난 아내도 남편에게 대들 수 있다. 이때 사용하는 언어가 방어이면 관계를 깨뜨리는 언어가 된다.

"저 인간은 맨날 나만 부려 먹더라. 내가 당신 종이야?"(비난)

"쥐뿔도 없는 인간이 이럴 땐 왕처럼 명령하더라."(경멸)

"그러면 당신이 직접 떠다 먹든가…."(담쌓기)

"처음부터 찬물 달라 하든지…."(담쌓기)

"당신은 뭐 그럴 때 없어?"(담쌓기)

"저 인간은 맨날 나보고만 잘못했다 하더라."(비난)

"마누라한테나 저렇게 큰소리치지 밖에 나가면 끽소리 못 하는 주제에…."(경멸)

이런 말은 잘못이나 실수에 대한 시인의 태도가 아니라 오히려 상대방의 화를 촉발하여 터뜨리게 한다.

어쨌든 이런 일로 한 바탕 부부 싸움을 했다고 하자. 이 싸움을 통해 한 가지 알게 된 것은 남편이 뜨거운 물을 싫어한다는 사실이다. 그러면 다음부터 남편이 물 한 잔 달라고 하는 말은 최소한 뜨겁지 않은 물을 달라는 것이다. 물론 처음부터 남편이 “여보. 미지근한 물 한 잔 부탁해.” 혹은 “날이 더우니 얼음물로 부탁해.”라고 정확한 정보를 준다면 갈등이 생길 이유가 없다. 아니면 아내 쪽에서 “뜨거운 물? 아니면 차가운 물?”이라고 물어보면 될 일이다. 그 상황에도 성질을 내면서 “당연히 미지근한 물이지. 그것도 몰라?”라고 말한다면 그것은 남편이 도발적 언어를 사용한 것이다.

여기서도 평소 부부 사이가 살가우면 문제 될 것이 없다. 정확한 정보를 위해 의문사를 사용해서 물을 것이기 때문이다. 설령 몰랐다 하더라도 비난하거나 공격하지 않는다. 아니면 아내가 물을 갖다주면서 미리 사전 정보를 줄 수도 있다.

“물 뜨거우니 조심해.”

앞의 상황을 관계를 깨뜨리는 4가지 언어 대신 건강하고 성숙한 부부의 대화 패턴으로 바꿔보자. 성숙한 부부의 대화는 감정이 아니라 정보로 시작하고 요구가 아니라 요청으로 이어진다.

“여보. 미지근한 물 500ml 머그잔에 가득히 부탁해.”

“미지근한 생수 500ml 한 병 갖다 줘.”

이렇게 자신의 욕구를 상대에게 떠넘기는 대신 상대가 도와줄 수 있도록 정확한 정보를 제공한다. 이것이 예의이며 동시에 관계를 살리는 기술이다. 예의는 상대를 불편하게 하지 않고 협력을 가능하게 만드는 최소한의 장치다. 그러면 아내도 처음부터 생수를 흔쾌히 갖다주었을 테고 남편은 고마움을 표현할 것이다. 혹 남편이 그냥 물 한 잔이라고 했는데 아내가 뜨거운 물을 가져왔다면 조율과 타협이 필요하다.

"앗, 뜨거워서 놀랐네. 난 미지근한 물을 원했는데…. 미리 정보 주지 않아 미안해. 미지근한 물로 다시 부탁할게."

이 말에는 비난도 없고 경멸도 없다. 오직 사실(뜨겁다), 취향(미지근한 물을 좋아한다), 요청(다시 부탁한다)만 있다. 그래서 갈등이 쌓이지 않는다.

아내 역시 마찬가지다.

"뜨거운 물이라 놀랐겠네. 내가 생각이 짧았네. 미지근한 물로 다시 가져올게."

이 반응은 복종이 아니라 관계에 대한 책임감이다. 누가 옳으냐를 따지는 대신 관계를 유지하는 쪽을 선택한 것이다. 이때 두 사람 사이에는 승패가 아니라 학습이 남는다. 다음부터 남편의 '물 한 잔'은 자연스럽게 '미지근한 생수'가 된다. 갈등이 데이터로 전환된 순간이다.

관계를 깨뜨리는 네 가지 언어를 삼가라.

문제의 소유자를 명확히 하라

❖ ❖ ❖

문제의 소유자란 어떤 사건이나 상황으로 인해 가장 직접적인 고통과 책임을 지고 있는 사람이 누구인가를 구분하는 것이다. 이 구분이 흐려지는 순간 부부관계는 돕는 관계가 아니라 서로를 공격하는 관계로 바뀐다.

예를 들어 남편이 실직했다고 하자. 실직으로 인해 발생하는 상실감과 억울함, 무력감과 의기소침, 미래에 대한 불안은 일차적으로 남편의 문제다. 그는 자신의 정체성과 능력, 가치에 대해 직접적인 타격을 받는다. 가족 역시 경제적 손실과 생활의 불편을 겪는다. 출근하지 않고 집에 머무는 시간이 늘어나면 부딪힘도 많아질 수 있다. 아내 역시 우울해지고 불안해질 수 있다. 그러나 그

고통의 깊이와 밀도는 남편의 것과 다르다.

　문제의 소유자를 구분하지 못하면 역설적인 상황이 벌어진다. 실직한 남편보다 아내가 더 불안해하고 더 화를 내고 더 채근하는 경우다. 그러면 정작 문제의 소유자인 남편은 위로받고 지지받아야 할 순간에 오히려 눈치를 보거나 침묵하게 된다. 그 결과 그는 관계 안에서 정서적으로 고립된 상태, 즉 정서적 홀아비가 된다. 아내가 곁에 있지만 정작 가장 필요할 때는 없는 존재가 되는 셈이다.

　문제의 소유자 곁에 있는 배우자의 역할은 문제를 대신 짊어지는 것이 아니라 문제를 객관화할 수 있도록 돕는 것이다. 그동안의 수고를 인정해 주고 과정과 맥락을 함께 정리해 주며 이 실직이 개인의 문제인지 구조의 문제인지를 냉정하게 구분하도록 돕는 것이다. 만약 회사의 구조적 문제라면 그는 피해자다. 그 실망과 아픔을 충분히 인정하고 표현하게 하는 게 중요하다. 그렇게 마음을 정리하게 해야 새로운 기회를 찾는 데 죄책감을 갖지 않는다. 그러나 개인의 문제라면 이번 사건은 성장의 신호다. 인간관계 방식, 업무 처리 태도, 실력의 보완 등 점검해야 할 지점이 분명해진다. 이때 배우자의 역할은 비난이나 지적이 아니라 개선과 도약을 위한 동반자가 되는 것이다.

문제는 문제의 소유자가 직접 감당하도록 하라.

갈등의 90%를 줄이는 Copy 화법

말을 잘하는 사람의 비밀은 잘 듣는 데 있다. 피터 드러커와 함께 현대 경영학의 창시자로 불리는 톰 피터스는 이렇게 말했다.

"타인을 만족시키는 가장 탁월한 방법은 그들의 말을 경청하는 것이다. 20세기가 말하는 자의 시대였다면 21세기는 경청하는 리더의 시대다."

소통은 상호작용이기 때문에 내 말과 상대방 말의 비중이 적절하게 유지되도록 해야 한다. 그러려면 잘 들어야 한다. 이에 CNN의 전설적인 토크쇼 진행자 래리 킹(Larry King)은 상대방이 나에게 말하고 싶도록 만드는 것이 중요하다고 강조했다. 토크쇼를 진행하는 사람들은 이 기술이 탁월할 것이다. 여기서 가장 중요한 것은 신뢰이다. 성경에도 "믿음은 들음에서 난다(롬 10:17)."라고 말씀하는데 사람과 사람 사이에서도 잘 들으면 신뢰가 생긴다. 누군가 내 말을 진심으로 들어주면 나는 그를 신뢰하게 된다. 그 방법이 경청이다. 경청이란 말의 경(敬)은 공경한다, 존중한다는 뜻이요, 들을 청(聽)자는 귀 이(耳)+임금 왕(王)+열 십(十)+눈 목(目)+한 일(一)+마음 심(心) 자가 합쳐진 회의 문자이다. 즉 임금의 말을 듣듯 하라는 것, 혹은 임금이 백성의 말을 들을 때 열 개의 눈을 가지고 한마음으로 들으라는 내용이다.

공감과 경청은 말 그대로 마음에서 우러나오는 태도라 의지만으론 안 된다. 공감하려면 그 전 단계를 거쳐야 하는데 공감의 전 단계는 충분한 이해다. 충분히 이해되면 공감은 자연스럽게 된다. 그리고 충분한 이해를 얻는 법은 정확한 정보를 제공하는 것이다. 정확한 정보가 제공되면 이해가 되고 이해가 되면 공감이 된다. 따라서 부부간의 대화에서는 공감해 달라고 요구하기에 앞서 정확한 정보를 전달하는 것이 우선이다. 또 듣는 사람은 정확한 정보를 수집해야 한다. 배우자의 말뜻과 숨은 의도가 무엇인지 생각하면서 듣고 상황에 대한 충분한 정보가 있는지 살펴야 한다. 듣는 사람이 내용을 정확하게 인지해야 말하는 사람도 시원하다. 잘 못 알아들으면 말하는 사람도 속이 터진다.

이를 위해 가장 필요한 과정은 내가 이해한 부분이 상대방의 의도와 일치하는지를 확인하는 일인데 이때 사용하는 화법이 Copy하기다. 상대방의 말을 똑같이 되뇌어 줌으로써 내가 들은 정보를 어떻게 이해했는지 확인하는 작업이다. 정확한 정보가 주어지면 갈등의 90%는 줄어든다. 그래서 필자는 부부 세미나와 부부 상담 때에 이렇게 강조한다.

"카피를 잘 하면 커피가 생기고 카피를 못하면 코피가 터진다."

Copy화법의 기본 문장은 이렇다.

"조금 전 당신의 말은 ~~ 라는 말입니까?"

예를 들면 이런 상황이다.

아내 : 당신은 항상 나를 무시해.

남편 : 내가 언제 무시했어? 과장이야. 또 시작이네.

이렇게 반응하면 바로 싸움으로 돌입한다. 이때 아내 말을 copy하면 이렇다.

"조금 전 당신의 말은 내가 항상 당신을 무시한다는 말이야?"

그렇게 아내가 말하고자 하는 의도를 정확하게 이해했다는 것을 알려줘야 한다. 그 후에 질문으로 더 명확한 정보를 얻을 수 있다.

Copy화법을 일상적으로 사용하는 곳은 군이다. 작전 중 폭탄을 때려달라는 무전을 받는 쪽은 전투 중인 부대가 불러 준 좌표를 자기들 입으로 카피한다. 그래야 오류가 없다. 1, 2, 3, 4를 말할 때 "일, 이, 삼, 사!"라고 말하지 않고 "일, 이, 삼, 넷!"이라고 하는 것은 삼과 사의 발음이 비슷해 구분되도록 하기 위함이다. 잘못된 정보는 작전 실패와 아군의 손실을 초래한다. 평소에도 간부가 사병에게 말할 때 사병은 상관의 말을 카피한다. 군대 용어로는 복명복창(復命復唱)이다. 말 그대로 상관의 명령을 다시 자기 말로 소리를 내는 것이다.

부부간에도 배우자의 말을 과잉 해석하거나 오역하지 않고 정확히 복사할 수 있다면 갈등의 90%는 줄어든다. 즉 발생한 문제보다 문제를 해석하는 과정에서 발생하는 오류를 줄인다. 즉 객관적 사실이 아니라 주관적 해석으로 발생하는 오해를 줄인다. 앞에서 언급했던 확증편향의 오류나 반복의 법칙을 미연에 방지하는 것이다. 그래서 부부 간의 대화에서도 정확한 정보와 객관적 데이터가 중요하다.

물론 일상적인 대화일 때는 그럴 필요가 없다. 일상적인 대화야 편한 대로 하면 되지만 중요한 일을 결정해야 하거나 갈등이 생겼을 때는 Copy화법을 사용해야 한다. 누군가와 논쟁을 하거나 법적인 문제를 다루거나 손해를 만회하고 이익을 추구해야 할 때도 사용하면 아주 좋다. 그래서 카피를 잘 하면 커피가 생기고 카피를 못 하면 코피가 터진다.

추측하지 말고 들은 말을 Copy화법으로 되물어라.

나는 배우자의 문제를
해결해 주기 위해 존재한다

✦ ✦ ✦

어느 가정사역자의 이야기다.

결혼 후 남편은 아내의 일거수일투족이 마음에 들지 않았다. 치약을 짜면 자기는 맨 아래부터 순차적으로 짜서 쓰는 타입인데 아내는 중간을 그냥 푹 눌러 짜서 쓰는 스타일이었다. 요리하고 나면 싱크대에 온갖 도구들이 난무했다. 화장하고 나면 경대 위에 화장품이 널렸고 한 번 열린 뚜껑은 닫히는 법이 없었다. 아무리 잔소리를 해도 건성으로 들었다. 치약을 밑에서 짜든 중간에서 짜든 무슨 차이가 있냐는 논리로 맞섰다. 오히려 그런 것까지 지적하는 쪼잔한 남자라는 핀잔까지 들었다.

도저히 못 살겠다는 생각에 하나님께 푸념을 늘어놓았다.

“도대체 왜 하나님은 이런 여자를 아내로 짝지어주셨습니까? 어떤 남자라도 같이 못 살 겁니다.”

한참을 그렇게 기도했는데, 어느 날 하나님께서 뒤통수를 한 대 후려치면서 말씀하셨다.

“이놈아, 그래서 내가 그 여자를 너에게 보낸 거 아니냐? 꼼꼼하고 계획적이라 정리도 잘하는 너니까.”

그때부터 남편은 일체 잔소리를 하지 않았다. 주방에서 아내가 요리를 마치면 도구들을 정리하였고, 화장품을 쓰고 나면 뚜껑을 닫아 주었다. 그렇게 세월이 흘렀는데 어느새 아내도 치약을 아래서부터 차례대로 짜고 있었고 화장품 뚜껑도 쓰고 난 직후에 닫았다. 어떨 때는 얼마나 세게 닫았는지 도구를 통해 열어야 할 정도였다. 또, 꼼꼼하고 계획적인 성격이 인간관계에서는 더러 까칠함으로 처리되기도 했는데, 아내는 털털하고 호탕한 성격이라 누구하고도 적을 만들지 않았다. 자신이 자동차의 기어라면 아내는 엔진오일이라고 했다.

필자가 신혼 때였다. 아내가 퇴근하는 나를 다짜고짜 붙들고는 무슨 이야기를 들어도 절대 화를 내지 않겠다는 약속부터 하라고 한다. 내용을 알아야 화를 내든 말든 할 것 아니냐 했더니 절대 화 내지 않겠다는 약속을 먼저 해야 말하겠단다. 그러겠노라 약속하고 자초지종을 들었다. 다 들은 후에 나는 이렇게 말하며 아내를 안심시켰다.

"걱정 말고 당신은 이 문제에서 발 빼고 있어. 남편이 있는 것은 이럴 때 이런 문제 해결하라고 있는 거야."

그때만 해도 집집이 방문하면서 물건을 파는 외판원들이 있을 때였다. 아내가 어떤 건강보조식품 판매원으로부터 유혹을 당해서 건강식품을 산 모양이었다. 한 달 월급에 가까운 큰 비용을 지불했는데 막상 사고 보니 덜컥 겁이 났다. 이미 산 물건이라 어떻게 할 수가 없고 남편이 기분 좋게 허락할 리 없다는 판단이 드니 무섭기도 했단다. 물건을 판매한 외판원에게 무르면 안 되냐고 했더니 절대로 안 된다며 완강히 거절했던 터라 난감했던 모양이었다. 어쨌든 산 것이니 그냥 먹어 소비해 달라고 했다.

나는 아내로부터 받은 외판원의 명함을 받아 들고는 물건을 판 지사와 본사를 연결해 가면서 통화를 한끝에 최종 반품 처리를 하였다. 박스에 손을 대지 않았으니 일체 물건을 훼손한 것이 아니라 물건을 구매한 사람이 반환하고 환불받을 수 있는 것은 소비자의 권리였다. 결혼 전 YMCA 활동을 하면서 소비자 보호에 대한 정보를 조금이라도 알고 있었던 것이 도움이 되었고 그 회사와 통화 과정에서 규정과 법에 대한 부분을 열거해 가면서 결국 환불받을 수 있었다. 아내가 일으킨 문제를 남편인 내가 나서서 해결해 준 것이었다. 물론 일체 잔소리는 하지 않았다. 살다 보면 누구나 그런 실수를 할 수 있으니까. 더구나 남편의 건강을 위해서 그 큰 금액을 투자했다는 게 아내로선 큰 결심이었을 테고 그 큰 결심의 이면에는 남편을 위한 마음이 컸다는 뜻이니까.

《연금술사》의 저자 파울로 코엘료가 말했다.

"살다 보면 우리의 삶에 문제가 발생했을 때 우리가 그것을 피하고자 아무것도 할 수 없는 순간들이 있습니다. 하지만 그 문제들은 그럴만한 이유가 있어서 거기에 있는 것입니다."

때론 배우자가 일으킨 문제의 해결사로 나서라.

해적으로 살면
싸울 이유가 없다

✦ ✦ ✦

영국의 기독교 사상가 C.S.루이스는 용기에 대해서 이렇게 말했다.

"용기는 단순히 수많은 미덕 가운데 하나가 아니라 시험의 순간, 즉 가장 첨예한 현실과 마주치는 순간 모든 미덕을 하나같이 취하는 형태이다."

인간이 위대할 수 있는 것은 순응하는 존재가 아니라 직면하는 존재이기 때문이다. 하긴 짐승도 삶의 의지에 관한 한 얼마나 강렬한지 모른다. 살기 위한 처절한 몸부림은 정말 눈물겹다. 직면하기란 어떤 문제를 피하지 않고 그 속으로 뛰어드는 것이다. 우리 가족은 어떤 문제를 만났을 때 해결하는 지침을 '해적으로 살기’로 정했다. ‘해결하거나 적응하거나’의 줄임말이다. 해결할 수 있는 것이라면 팔을 걷어붙이고 직접 나서서 해결하고 어쩔 수 없다면 적응하고 살자는 취지다.

“행복에 이르는 유일한 길은 자신의 의지로도 어쩔 수 없는 것들에 대한 걱정을 그만두는 것이다.”

기원후 50년경 소아시아(현재 터키) 철학자 에픽테토스의 말이다. 그는 자유를 빼앗긴 삶 속에서 ‘아무도 빼앗을 수 없는 자유’를 가르친 철학자이다. 보통 사람이 자유에 대한 개념을 ‘하고 싶은 걸 하는 것, 구속받지 않는 상태’라고 할 때 에픽테토스는 ‘외부에 의해 흔들리지 않는 상태’라고 말했다. 그래서 그는 노예였지만 자유인이었고 황제 곁의 권력자들을 오히려 불쌍히 여겼다. 우리 가족이 ‘해적으로 살기’를 정한 것도 자유인으로 살자는 뜻이다.

필자는 현재 의왕시 포일동 신축 빌라 단지에 살고 있다. 이곳으로 이사 온 지 10년이 넘었다. 3층과 옥탑 층을 쓰고 있는데 언제부터인가 옥탑 층으로 올라가는 아크릴 덮개에서 물이 조금씩 샜다. 비가 오면 심해져 양동이를 받쳐두어야 하는 상황이 되었다. 건축주와 관계 업자에게 문의했더니 지붕을 다시 만들어 덮어야 하고 삼백만 원 내외의 공사비와 공사를 하더라도 미관을 해치는 모양새가 될 것이라고 했다. 해결하든지 적응하든지 해야 했다. 그렇게 해서라도 지붕을 덧입혀 비 새는 것은 해결하고 싶은 모양새는 적응하며 살아야 했다.

그러면서 원인이 뭘까 계속 생각해 보았다. 물이 새는 곳에 누수 스프레이를 뿌려보았는데 효과가 없었다. 어느 날, 비가 오지도 않았는데 물이 약간 새어 나와 있었다. 비도 오지 않았는데 물이 새어 나왔다면 이건 맺힌 이슬이란 뜻이었다. 그래서 사다리를 타고 아치형으로 만든 지붕 위를 살펴보았다. 이내 원인을 찾았다. 알루미늄 프레임에 아크릴을 끼운 후 실리콘으로 봉합했는데 몇 년이 지나는 동안 햇빛에 의해 실리콘이 말라 균열이 생겼고 그 갈라진 틈으로 빗물이 흘러들어왔고 평소엔 이슬이 그 통로를 통해 흘렀던 것이다. 건재상에서 건물 외장용 실리콘을 하나 사서 균열이 난 부분을 메꿨다. 그 후론 물이 새지 않아 비 올 때마다 생기던 스트레스가 자연스럽게 해결되었다. 단돈 삼천 원으로.

'해적으로 살기'를 삶의 철학으로 정해놓고도 어떤 일은 미련하게 그냥 두는 일도 있었다. 며칠 전 아내가 갑자기 옥탑 층으로 오더니 내 책상을 안쪽으로 옮기자고 했다. 그동안은 출입문 쪽에 책상이 있었고 그로 인해 늘 겨울이면 추위에 떨어야 했다. 문틈으로 찬바람이 들어왔고 바닥의 보일러 선도 듬성듬성 깔려 있어 늘 추웠다. 겨울이니 당연히 춥다고만 여기고 책상 아래엔 히터, 책상 위엔 온풍기를 쓰며 10년을 버텨왔다. 손이 시리면 온풍기로 잠깐 녹이고 몸이 추워지면 히터에 의지했다. 그렇게 지내다 아래 층에 내려가면 손이 얼음장처럼 차가웠다. 아내가 내 손을 만지고 깜짝 놀랄 정도였다.

안쪽은 창문이 넓어 더 밝고 햇볕도 잘 들고 여름엔 통풍도 더 잘되어 시원할 거라고 했다. 두어 시간 작업 끝에 책상을 옮기고 보니 등이 없어 불편한 것 빼고는 다 좋았다. 춥지 않다는 게 최고의 장점이었다. 등은 근처 조명 가게에서 새로 산 등을 달아 해결하였다. 모든 것이 달라졌다. 춥지 않았다. 공간은 넓어졌고 햇볕이 들었으며 위층에 있다가 내려가도 손이 차갑지 않았다. 이렇게 좋은 걸 왜 10년이나 미련하게 버텼을까? 그동안 나는 집 구조가 문제라느니, 건축주가 설계를 잘못했다느니, 나중엔 이사나 가야겠다느니 하며 환경만 탓하고 있었다.

내가 웃으며 말했다.

"아이구야, 이런 미련 곰탱이를 봤나. 진작 옮겼으면 이런 고생 안 했을 텐데."

아내가 말했다.

"나도 그래. 진작 옮기자고 말할 걸 그랬네."

불편하면 원인을 찾고 대책을 세우고 실행하면 될 일이었다. 그런데 나는 그럴 생각도 못 했고 실행도 안 했다. 그 결과 몸이 고생했다. 이런 식으로 살아온 시간이 얼마나 될까? 그런 식으로 지금도 여전히 불편을 겪고 있는 일이나 관계는 또 얼마나 많을까? 조금만 더 일찍 '해적으로 살기'를 실행했더라면 행복의 보물섬을 찾을 수 있었을텐데 말이다.

해적으로 살아라. 해결하거나 적응하거나!

대화가 아니라
협상이 필요

오래전 모 개그 프로그램에 〈대화가 필요해〉라는 코너가 있었다. "뭐라고 씨부리쌌노?"라는 말이 유행어가 되기도 했었다. 경상도에선 함부로 말 하는 것을 비하하는 말로 씨부린다고 한다. 많은 부부가 이런 볼멘소리를 한다.

"우리 부부는 대화가 필요해요."

"우리 부부는 대화의 티키타카가 하나도 없어요."

"우리 부부의 대화는 '대' 놓고 '화' 내는 거예요."

사람들이 떠올리는 '대화'는 대개 마주 앉아 눈을 맞추고 도란도란 이야기하는 장면이다. 하지만 부부의 일상은 다르다. 눈 뜨는 순간부터 잠자리에 들 때까지 많은 말이 끊임없이 오간다. 그럼에도 "대화가 없다"고 느끼는 이유는 무엇일까?

"대화가 필요하다"는 말은 사실 요구나 욕구가 전달되지 않았다는 뜻이다. 더 정확히 말하면 해결해 달라는 요구라기보다 '그런 마음이 있다는 것만이라도 인정해 달라.'는 요청이다. 많은 경우 실제 행동보다 "아, 네가 그런 마음이었구나."라는 인정만으로도 갈등의 절반은 풀린다.

젊은 부부들을 상담해 보면 이들에게 가장 필요한 것은 사랑의 마음이 아니라 협상의 기술이다. 문제가 생기면 문제를 다루지 못하고 문제 속에 함몰된다. 그러다 별거, 이혼이라는 결론으로 쉽게 건너뛰는데 이혼은 문제를 없애는 마법이 아니라 결혼의 문제를 다루는 여러 방법의 하나일 뿐이다. 이들에게 필요한 것은 방법론이다. 그 방법이 상담이나 가정사역이라는 이름으로 제시됐고 그 방안들은 꽤 유용하게 활용되었다. 상담과 가정사역은 분명 많은 가정을 살려냈다. 그러나 그것은 기회를 가진 사람들에게 해당하는 이야기다. 여전히 많은 사람에게 '상담'이라는 말은 곧 '문제 있는 사람'이라는 낙인으로 들린다. 반면 '협상'이라는 단어는 다르다.

"이건 우리 삶에 필요한 기술이다."

"우리끼리 해결하려면 이걸 배워야 한다."

협상은 싸움이 아니다. 협상은 서로의 욕구를 정리하고 가능한 선택지를 만드는 기술이다. 기업과 국가, 범죄 현장에서만 쓰일 이유가 없다. 오히려 매일 이해관계가 얽히는 부부에게 가장 필요한 기술이다. 실제로 4회기, 8회기로 진행된 부부 협상 프로그램에서 많은 부부가 이렇게 말했다.

"이게 우리가 찾던 방식이었다."

협상의 언어로 마음과 마음을 연결하라.

협상이 드러나는 시대

＊＊＊

"협상은 언제나 전쟁보다 낫다(윈스턴 처칠)."

"싸우지 않고 이기는 것이 가장 좋은 방법이다(손자)."

전쟁은 언제나 최후의 수단이다. 전쟁에 이르기 전에 서로의 욕구를 조정하고 이해를 확장해 협상으로 해결할 수 있다면 그것이 가장 지혜로운 선택이다. 고려-거란 전쟁 당시 일차 침입에서 거란의 장수 소손녕과 벌인 서희의 담판은 이를 극적으로 보여준다. 무력 충돌 없이 거란의 철군을 끌어냈을 뿐 아니라 강동 육주라는 국익까지 확보했다. 한 사람의 협상 역량이 전쟁의 결과를 바꾼 사례다.

현대사회로 올수록 협상은 더 중요해지고 있다. 민형종은 《오늘도 우리는 협상을 한다》(미다스북스, 2021)에서 이렇게 말한다.

"미국에서는 MBA 과정에서 협상을 필수(또는 선택) 과목으로 가르치며 기업 중역 교육에서도 핵심 역량으로 다룬다. 로스쿨, 공공정책, 국제관계 분야에서도 마찬가지다. 갈등과 분쟁이 심화되는 현실에서 협상 능력은 21세기 리더에게 필수이기 때문이다."

온 세상이 협상을 요구하는 시대다. 하물며 가정이 예외일 수 있을까? 과거의 가정에서는 '협상'이라는 개념 자체가 성립되기 어려웠다. 가부장적 농경사회에서 부부관계는 수직 구조였다. 남자는 묻는 척은 했으나 결정을 독점했고 아내의 의견은 쉽게 무시되거나 침묵을 강요받았다. 그 구조에서는 협상이 아니라 지시와 복종만이 가능했다.

그러나 현대사회 부부관계 패러다임은 분명히 바뀌었다. 부부는 더 이상 상하관계가 아니라 수평적이고 대등한 파트너십을 전제로 한다. 수평적 관계가 된 순간 협상은 선택이 아니라 필수다. 의견이 다르고 욕구가 다른 두 사람이 함께 살아가기 위해서는 누가 옳으냐를 가리는 싸움이 아니라 무엇이 가능한지를 조율하는 기술이 필요하기 때문이다.

부부관계가 바뀌었는데 소통 방식만 과거에 머물러 있다면 갈등은 더 많아진다. 협상이 주목받는 시대란 부부도 더 이상 감정만으로는 살 수 없는 시대가 되었다는 뜻이다. 그러나 아직도 어떤 문화권에서는 여전히 남편이 아내 앞에 무릎을 꿇는 장면을 상상조차 하지 못한다. 그런 곳에서 시행하는 부부 프로그램 중 세족식이 '천지개벽'처럼 받아들여지는 이유도 여기에 있다. 그것은 단순한 이벤트가 아니라 관계 패러다임의 전환을 상징하기 때문이다. 지배에서 협상으로, 권위에서 상호성으로 이동하는 변화다.

사람은 흔히 자신이 원하는 것을 곧바로 말하지 않는다. 표면에 드러난 요구(demand) 이면에는 더 근본적인 욕구(want)가 숨어 있다. 협상이 막히는 이유는 대부분 겉 요구만 붙잡고 속 욕구를 보지 못하기 때문이다.

상대의 관점을 이해하려면 그 사람의 결론만 보지 말고 사고의 과정 전체를 차례로 따라가야 한다. 이때 단정적인 표현은 협상을 닫게 하고 잠정적인 표현은 협상을 연다.

"당신은 왜 그래?" 보다 "혹시 이런 이유일 수도 있을까?"가 훨씬 멀리 간다.

협상의 기본 준비는 3단계로 이뤄진다.

1단계 : 자신의 협상 스타일을 파악하라.

나는 밀어붙이는 유형인가, 회피하는 유형인가, 조율형인가를 먼저 알아야 한다. 협상은 기술 이전에 자기 인식에서 먼저 시작된다.

2단계 : 성과 목표를 명확히 설정하라.

이 협상을 통해 반드시 얻어야 할 것과 양보 가능한 것을 구분해야 한다. 목표 없는 협상은 감정싸움으로 흐른다.

3단계 : 자신의 현실적 상황을 점검하라.

시간, 자원, 대안(BATNA-Best Alternative To a Negotiated Agreement), 감정 상태를 점검하지 않는 협상은 쉽게 무너진다.

협상을 할 때는 입장(Position)과 이해관계(Interest)를 구분해야 한다. 서로의 입장만 고수하면 협상 전체를 망칠 수 있다. 입장은 출발점일 뿐이며 협상의 목적지는 이해관계다. 이 점을 상대에게도 부드럽고 명확하게 설명해야 한다. 힘으로 밀어붙이는 순간 협상은 거래가 아니라 대결이 된다. 협상의 장애물로는 힘겨루기와 속이기, 분노와 대립, 실수와 거부, 막다른 골목으로 몰아넣기 등이다. 이 장애물들은 대부분 사람을 문제로 착각할 때 발생한다. 협상에서는 사람과 문제를 반드시 분리해야 한다.

부부는 동등한 위치에서 선 독립된 개체임을 기억하라.

각자의 요구와 욕구는 협상으로 충족

갈등(葛藤)이라는 말은 칡과 등나무다. 칡과 등나무가 서로 얽히고 설켜 풀기 어려운 상태가 되듯 갈등이란 개인이나 집단 사이에서 의지, 처지, 이해관계가 달라 충돌이 발생하는 상태를 말한다. 즉 갈등은 요구와 욕구의 차이에서 비롯되므로 바라는 것이 없으면 갈등도 없다. 바라는 것이 많을수록 갈등은 잦아지고 그 바람을 want가 아니라 must로 여기는 순간 갈등이 폭발적으로 커진다.

바라는 것은 욕심에서 출발한다. 그러나 인간의 내적 수준이 높아질수록 욕심은 줄고 만족이 늘어난다. 자족할 줄 아는 사람, 가진 것에 감사할 줄 아는 사람은 비교적 평안하다. 반대로 욕구를 절대화하는 사람은 끊임없이 결핍을 느끼고 그 결핍은 갈등의 연료가 된다.

요구와 욕구가 충족되면 갈등은 해소된다. 부부관계에서도 마찬가지다. 배우자의 요구나 욕구를 기꺼이 이해하고 정서적·경제적 여력이 허락하는 범위 안에서 실행으로 옮길 때 관계는 훨씬 안정된다. 경제적 풍요는 선택의 폭을 넓히고 정서적 풍요는 양보의 여지를 넓힌다. 이 두 가지가 함께 작동할 때 부부는 더 많은 것을 함께 누릴 수 있다.

협상의 중요한 전제는 당사자 간 해결이다. 부부 갈등에 제삼자를 쉽게 끌어들이는 것은 현명하지 않다. 전문 상담가는 양쪽의 입장을 비교적 객관적으로 다루고 치료적 개입을 할 수 있지만 일반적인 제삼자는 그렇지 못하다. 특히 같은 처지에 있거나 비슷한 경험을 한 사람을 조언자로 삼는 것은 위험하다. 그래서 부부의 갈등은 가능한 한 부부 안에서 다뤄야 한다. 요구와 욕구를 숨기지 않고 드러내고 그것을 조정하는 기술이 바로 협상이다. 협상은 이기기 위한 수단이 아니라 서로의 필요를 현실 가능한 지점에서 만나게 하는 성숙한 관계 기술이다.

예를 들어 이혼을 고민하는 사람이 이혼 경험자에게 조언을 구할 경우 판단은 쉽게 주관으로 기울어진다. 이때 발생하기 쉬운 것이 '역전이(counter-transference)'다. 이는 조언자의 개인적 감정과 경험이 상대의 상황보다 앞서 작동하면서 냉정한 판단을 흐리게 만드는 현상을 말한다. 결국 문제 해결이 아니라 감정의 증폭만 일어날 수 있다.

협상은 힘으로 이기는 기술이 아니라 서로가 서로에게 필요한 것을 줄 수 있을 때 성립된다. 따라서 협상의 핵심은 내 입장을 관철하는 것이 아니라 상대방이 진짜로 원하는 것이 무엇인지(real want)를 정확히 파악하는 데 있다.

바람직한 협상의 네 가지 조건은 다음과 같다.

이 네 가지 중 하나라도 무너지면 협상은 일시적 타결에 그친다.

대화는 인지 수준과 정서 성숙도가 높은 쪽에서만 끌고 갈 수 있다. 반대로 상대가 듣지 못하는 상태라면 논리와 설득, 정면 대화는 오히려 갈등을 증폭시킨다. 이런 경우 억지로 변화시키려 하거나 계몽하려 들기보다 조삼모사처럼 상대가 이해할 수 있는 언어와 구조로 맞추어 주는 지혜가 필요하다.

의식 수준이 낮은 사람은 협상의 개념 자체를 이해하지 못한다. 이때 흔히 나타나는 것이 부정(denial)과 투사(projection) 같은 원초적 방어다. 사실이나 조언을 '정보'로 듣지 않고 '공격'으로 오인하기 때문에 대화는 곧 방어와 반격의 장이 된다. 이들에게는 '듣는 귀'가 닫혀 있다. 그래서 설득하면 할수록 관계는 더 단절되고 고립은 심화된다.

갈등의 이면에 숨은 진짜 요구와 욕구를 찾아라.

협상의 제1원칙,
예의

♦ ♦ ♦

협상의 출발점은 상호 존중, 즉 예의다. 협상은 피차가 동등한 존재라는 전제 위에서만 성립한다. 상대를 설득의 대상으로 보거나 굴복시켜야 할 대상으로 인식하는 순간 협상은 이미 실패다. 존중은 감정의 문제가 아니라 태도의 문제이며 협상의 가장 기본적인 조건이다.

과거 농경사회와 산업사회에서 부부관계는 철저히 수직적 구조였다. 남자는 명령하는 주체였고 여자는 순종하거나 복종하는 객체였다. 이 구조 안에서는 협상이 존재할 수 없었다. 대화라는 이름은 있었지만 실제로는 일방적 지시와 통보에 가까웠다. 누가 무엇을 원하는지 묻는 과정 자체가 불필요했고 합의보다는 복종이 관계를 유지하는 방식이었다.

이 시기 가정사역이나 상담학에서 강조하던 대화법 역시 이러한 구조를 전제로 했다. 남자에게는 다정함과 공감을, 여자에게는 인정과 칭찬을 요구하는 방식이었다. 이는 수직 구조 안에서 갈등을 완화하기 위한 처방이었을 뿐 동등한 관계를 전제로 한 협상 모델은 아니었다. 그러나 남녀평등 사회로 넘어오면서 상황은 근본적으로 달라졌다. 동등한 교육 기회, 동등한 사회적 권리, 동등한 부부관계가 설정되었고 오늘날의 부부관계는 더 이상 위계가 아니라 형평을 전제로 한다.

안타깝게도 관계의 구조는 수평으로 바뀌었지만 갈등을 다루는 방식은 여전히 과거에 머물러 있다. 현대 부부의 갈등은 대화법을 몰라서가 아니라 알고 있는 것을 실제 관계에서 사용할 줄 몰라 반복된다. 감정을 달래는 말은 할 수 있지만 필요와 자원을 조율하는 대화는 서툴다. 위로는 가능하지만 합의에는 이르지 못한다.

그래서 현대 부부에게 필요한 것은 더 이상 감정 중심의 대화 기술이 아니라 각자의 필요와 한계를 현실적으로 조율하는 협상 능력이다. 협상은 사랑이 식었을 때 쓰는 기술이 아니라 사랑을 유지하기 위해 반드시 필요한 관계의 기술이다. 부부는 협상을 통해서만 일상과 역할, 시간과 자원, 욕구와 한계를 합의할 수 있고 그 과정을 통해서만 안정적인 행복을 만들어 갈 수 있다. 이는 중년 부부에게만 해당하는 이야기가 아니다. 오히려 신혼기 때부터 반드시 훈련해야 할 핵심 역량이다.

어떤 경우라도 상대의 자존심을 건드리는 말과 행동은 삼가야 한다. 사랑의 감정이 식었더라도 혹은 갈등이 깊어졌더라도 인간으로서의 기본적인 존중만큼은 끝까지 지켜야 한다. 자존심을 짓밟는 말은 문제를 해결하지 못한 채 관계의 기반만 허문다. 이때 상처받는 것은 감정이 아니라 존재 자체다. 사람은 자신의 주장보다도 자신이 어떤 존재로 취급받고 있는지에 훨씬 더 민감하다. 협상에서 가장 위험한 실수는 논리의 부족이 아니라 존중의 결핍이다. 상대를 이기기 위해 던진 한마디의 비아냥이나 모욕은 순간적인 승리를 가져올 수는 있어도 이후의 대화 가능성을 완전히 차단한다. 관계에서 지켜야 할 마지노선은 사랑받지 못하더라도 사람대접은 받아야 한다는 원칙이다. 그 선이 무너지는 순간 대화는 협상이 아니라 전쟁이 된다.

상대방을 존중하고 예의를 지켜라.

협상의 제2원칙,
선 의무 부과

나의 책임은 배제한 채 상대에게 요구만 하면 그것은 협상이 아니라 억지다. 요청이 아니라 명령이고 합의가 아니라 압박이다. 협상이란 같이 가겠다는 신호로 그 출발은 언제나 내 몫을 감당하겠다는 선언을 우선으로 한다. 이 원칙이 빠지면 부부는 평생 상대를 설득하기보다 규정하고 단정 짓는 데서 벗어나지 못한다.

앞에서 협상에는 반드시 예의가 필요하다고 언급하였다. 무례한 사람은 결코 협상에 성공할 수 없다. 관계의 기본은 사랑이 아니라 예의다. 사랑은 무례히 행하지 않는다. 예의 없는 말과 태도는 사랑의 표현이 아니라 사랑의 파괴다. 사랑을 말하고 싶다면 먼저 예의를 지켜야 한다. 상대를 존중하지 않고 내 권리만 주장하면 협상은 바로 무너진다. 그 예의의 표현이 나에게 먼저 의무를 부과하는 일이다.

또 하나 중요한 조건은 유식함이다. 여기서 말하는 유식함은 학벌이나 지식의 양이 아니라 정보를 갖추려는 태도다. 협상 안건에 대한 충분한 정보, 과거의 맥락, 현재의 여건, 그리고 협상 이후의 결과에 대한 그림을 가지고 있어야 한다. 부부 사이도 마찬가지다. 배우자의 성향과 감정 패턴, 말에 민감해지는 지점과 그렇지 않은 지점, 요구를 꺼낼 타이밍이 지금인지 아닌지를 알지 못하면 협상은 번번이 어긋난다. 준비 없는 대화는 쉽게 오해로 바뀌고 오해는 갈등을 키운다.

결국 협상에 실패하는 이유는 사랑이 부족해서가 아니라 준비가 부족해서다. 준비 없는 요구는 무례가 되고 무례는 관계를 망친다. 그래서 사람은 무식하면 불행해진다. 협상을 배우지 못한 사람은 사랑을 말하면서도 관계를 지키지 못한다.

"거실이랑 화장실은 내가 청소할 테니 당신은 방 청소를 부탁해."

자신에게 의무를 먼저 지우고 이행한다는 것은 상대에게 빚을 지우겠다는 뜻이 아니다. 그것은 협상의 주도권을 쥐겠다는 선언에 가깝다. 내가 할 수 있는 몫을 먼저 감당할 때 상대에게도 선택의 여지가 생기고 대화의 문이 열린다.

"당신은 방 청소를 해. 나는 거실이랑 화장실 청소를 할 테니."

내용은 똑같아 보이지만 뉘앙스는 완전히 다르다. 이 말의 뉘앙스는 이렇다.

"네가 먼저 바뀌면 나도 하겠다."

이런 태도는 협상이 아니라 대치다. 그렇게 되면 관계는 경직되고 협상은 실패한다.

부부 협상에서 성숙함이란 무엇을 더 받아낼 수 있느냐가 아니라 어디까지 먼저 책임질 수 있느냐로 드러난다. 권리는 요구할수록 신뢰가 약해지지만 책임은 감당할수록 강한 신뢰를 만든다. 그리고 신뢰가 쌓인 자리에 비로소 권리는 자연스럽게 따라온다.

상대에게 요구하기 전에 먼저 나 자신에게 의무와 책임을 부과시켜라.

협상의 제3원칙,
상호 유익

협상의 이상적인 결과는 언제나 상호 유익(win-win)이다. 둘 다 좋아야 한다. 그래서 부부는 협상의 기술을 통해 각자의 만족을 동시에 끌어내야 한다. 삶 속에서 필연적으로 발생하는 갈등은 부부를 더 단단히 결속시키기도 하고 반대로 완전히 와해시키기도 한다. 그 갈림길은 단 하나다. 협상의 기술을 잘 사용했는가 그렇지 못했는가이다.

협상을 통과한 갈등은 서로를 더 깊이 이해하게 만들지만 협상을 거치지 못한 갈등은 서로를 더 기피하게 만든다. 그때부터 비난의 말이 날아다니고 도발적 언어가 포탄처럼 쏟아진다. 갈등의 대상은 사라지고 서로의 자존심만 찔러댄다. 결국 관계는 감정적으로 초토화된다.

상호 이익을 추구하는 협상은 궁극적으로 나에게 이익이다. 조삼모사(朝三暮四)라는 고사성어를 부정적으로 해석하면 전체를 보지 못하고 순간의 유리함에 흔들리는 어리석음이다. 그런데 조금만 관점을 달리해서 주인의 협상 능력에 초점을 맞춰보면 결과적으로 이익은 주인이 더 많이 가져갔음에도 원숭이들은 자신들의 수준에서 최선이라고 느꼈기에 갈등이 발생하지 않았다는 점이다. 중요한 것은 상대를 속이려는 기만이 아니라 상대의 의식 수준과 욕구를 고려해 최선의 선택지를 제시한 협상 능력이다.

협상을 배워서 손해 볼 일은 없다. 그래서 기업에는 협상 전문가가 따로 존재한다. 한 사람의 협상 능력이 기업의 손익을 좌우하고 때로는 조직 전체의 생존을 결정한다. 극한 상황에서는 그 차이가 더 극명해진다. 인질극과 같은 위기 상황에서 협상가 한 사람의 판단과 언어가 수많은 생명을 살리기도 하고 반대로 참극을 막지 못하기도 한다. 역사 역시 마찬가지다. 전쟁의 승패는 칼과 창 이전에 협상의 언어에서 갈린다. 뛰어난 협상가 한 사람은 전쟁을 막고 국익을 지키며 수많은 생명을 살린다. 협상이란 결국 가장 지적인 힘의 사용이다.

이 책을 통해 나는 협상의 달인이 된 부부가 많아지길 바란다. 동시에 부부 대화와 부부 소통, 특히 왜곡된 공감 담론 속에서 늘 부족한 사람, 죄인처럼 느껴졌던 남편들의 해방도 함께 꿈꾼다. 되지도 않는 공감을 억지로 흉내 내느라 얼마나 마음 졸이고 힘들었을까. 공감은 기술이 아니라 결과이며 협상은 그 결과에 이르는 가장 현실적인 경로다. 오히려 협상은 남자들에게 더 유용한 기술로 자리매김할 수 있다.

다시 말하지만 21세기를 살아가는 부부, 역할 분담과 형평을 이룬 관계를 전제로 살아가는 부부에게 필요한 것은 대화만이 아니라 협상이다. 감정의 교환을 넘어 필요를 조율하고 현실을 설계하는 능력이다.

이제 당신도 협상의 주체다. 행복한 부부는 탁월한 협상가(negotiator)다.

> **부부행복백신 : 상호 유익**
> 둘 다 만족하는 지점을 찾아라.

부부 협상의
실제(사과할 때)

◆ ◆ ◆

사과할 때는 내용과 태도, 타이밍이 중요하다. 먼저, 무엇을 사과하는지 잘못한 행위에 대한 명확한 언급이 있어야 한다. 명확한 언급도 없이 그냥 사과하는 것은 형식상의 사과가 될 수 있다. 표면상으론 사과인데 도리어 빈정거림으로 상대방을 염장 지르는 행위가 될 수 있다.

태도도 중요하다. 사과는 내가 처분을 기다리는 처지이기 때문에 상대방이 어떻게 나오든 나는 수용해야 한다. 많은 경우 사과를 했는데 상대방이 받아주지 않을 때 역정을 내는 경우가 있다.

"나 사과하고 있잖아?"

"나 사과하는데 왜 안 받아줘?"

이것은 사과하는 태도가 아니다. 상대가 받아주면 감사한 일이지만 시큰둥하거나 역공격이 들어올 수도 있다. 그렇더라도 사과하는 주체는 상대방의 행위에 대해서 어떤 요구도 할 수 없다. 바람을 갖는 것이야 개인의 마음이겠지만 구체적인 언행까지 정해놓았다면 사과를 구하는 태도가 아니다.

그리고 타이밍이 중요하다. 아무리 내용도 알고 태도가 잘 갖춰졌더라도 사과에 적절한 시기를 맞춰야 한다. 너무 이른 사과를 하거나 너무 늦은 사과를 하는 바람에 사과의 효과가 턱 없이 떨어지는 경우는 얼마든지 많다. 타이밍은 그럴 때 유효한 것이다. 소방관도 불길을 잡으러 건물로 들어갈 때 아무리 급박한 상황이라도 불길이 역으로 온다든지 하는 위험한 상황이 발생할 때는 기다렸다가 진입한다. 마찬가지로 사과하는 나의 태도가 아무리 진심이어도 타이밍에 따라 효용을 얻지 못할 경우도 있다는 것을 생각해야 한다. 일단 감정적 격앙이 된 상태에서의 사과는 받는 이도 마음의 준비가 안 되었을 수 있고 사과하는 사람도 그렇지 않을 수 있다. 그래서 감정적 격앙이 내려와 차분하게 된 상태여야 한다.

옛 조상들이 자식이 잘못했을 때 회초리를 꺾어오라고 한 것은 어른은 격앙된 감정을 추스르는 시간을, 자식은 자기 잘못을 생각하며 마음의 준비를 하는 시간을 갖는 지혜였다. 회초리를 꺾어오도록 하지 않고 눈에 보이는 물건을 아무거나 집어 들고 자식을 때린다면 폭력이 될 수 있다. 한때 그런 물건으로 효자손이나 연탄집게, 다듬잇방망이나 구둣주걱 같은 것들이 사용되었다. 그렇게 때리며 쏟는 비난의 언어는 상처로 남는다.

자기 잘못을 생각하며 반성할 수 있는 능력은 반추의 기능을 통해서이고 사람의 성숙도는 이 반추의 능력과 직결된다. 자신이 한 일에 대해 돌아보고 고칠 것은 고치고 유지할 것은 유지할 수 있는 능력은 그 사람을 발전시킨다. 잘못을 해 놓고도 반성할 줄 모르는 사람은 성장이 없다. 또 그 사람 주변에는 아무도 오지 않는다. 사람이니까 신이 아닌 이상 실수할 수도 있다. 그렇지만 실수를 인정하고 실수에 대한 대가를 지불하고 발전의 기회로 삼는 것은 인간이 마땅히 배워야 할 기술이다.

사과할 때는 상대방에게 온전히 맞춰라.

부부 협상의
실제(사과를 받아야 할 때)

* * *

사과할 때 상대가 받아 주지 않으면 어떻게 될까? 자존심을 낮추고 관계를 지키기 위해 사과하러 갔는데 상대가 매몰차게 거절하거나 마치 당연하다는 듯한 태도를 보인다면 더 큰 실망과 상처를 입을 수도 있다. 그럼에도 사과해야 할까? 해야 한다. 사과는 상대를 설득하기 위한 행위가 아니라 내가 책임질 몫을 책임지는 선택이기 때문이다. 내가 사과했다면 나는 내가 해야 할 일을 마땅히 한 것이다. 그 사과를 받아들일지 말지는 상대의 몫이며 그 선택까지 내가 강요할 수는 없다.

물론 사과에는 준비가 필요하다. 사과의 내용이 구체적인지, 변명이 섞여 있지는 않은지, 타이밍은 적절한지, 상대의 감정을 자극하지 않는 방식인지 충분히 점검한 후 사과했음에도 받아들여지지 않는다면 그것은 상대가 아직 감정을 소화하지 못했거나 인격적으로 미성숙한 상태에 있다고 생각하면 된다. 중요한 점은 그 순간에도 사과의 가치가 훼손되지 않는다는 사실이다. 내가 해야 할 책임을 다했다면 그 일은 나에게 이미 '정리된 일', '끝낸 숙제'가 된다. 그렇지 않으면 사과하지 못했다는 찝찝함과 미해결 과제가 마음의 짐으로 남아 관계를 계속 갉아먹는다.

여기서 많은 부부가 혼동하는 부분이 있다. 사과가 관계를 즉시 회복시키는 마법이라고 생각한다는 것이다. 사과는 신뢰를 회복하기 위한 첫 단추이지 상대의 감정을 즉각 바꿔 놓는 스위치가 아니다. 따라서 사과한 뒤에는 상대의 반응을 통제하려 들기보다 기다림과 거리 조절이라는 협상 기술이 필요하다. 사과했으니 이제 끝났다는 태도나 왜 아직도 안 풀리냐며 재촉하는 태도 모두 관계를 다시 경직시킨다.

또 한 가지 중요한 원칙은 사과가 자기 비하나 자기 처벌로 변질되어서는 안 된다는 점이다. 사과는 나를 낮추는 행위가 아니라 내가 어른임을 증명하는 행위다. 반복적으로 사과를 요구하거나 사과 이후에도 지속적인 공격과 모욕이 이어진다면 더 이상의 사과가 아니라 경계 설정이 필요하다. 협상에서 사과는 책임의 이행이지 상대에게 무제한의 권한을 위임하는 행위가 아니다.

부부 협상에서 성숙함이란 사과를 받아내는 능력이 아니라 사과할 수 있는 능력에서 드러난다. 사과했다는 사실 하나만으로도 나는 이미 한 단계 성숙해진 것이다. 관계의 회복 속도는 다를 수 있지만 적어도 나는 관계를 망가뜨리는 쪽이 아니라 지키려는 쪽에 서게 된다. 그리고 그 선택은 언제나 나 자신을 먼저 살린다.

사과받을 때는 사과하려는 의도를 먼저 인정하라.

부부 협상의
실제(뭔가를 요구할 때)

요구할 때는 요구의 주체가 언제나 나다. 상대는 나의 요구를 듣고 자신의 상황과 의도, 감정과 여력에 따라 수용 여부를 결정한다. 그래서 요구는 권리가 아니라 제안이다.

"내가 원하니까 너는 들어줘야 해."

이렇게 말하면 협상은 끝난다. 그때 작동하는 것이 must 귀신과 should 황제다. 요구할 때는 다섯 가지 결과 즉, 즉각 수용, 고려, 유보, 일축(거절), 역반응을 예상해야 한다. 대부분의 갈등은 이 다섯 가지에 대한 준비가 없을 때 생긴다.

가장 이상적인 것은 즉각 수용이다. 말하는 순간 "그래, 그렇게 하자."라고 답이 오는 경우다. 그러나 이것은 상대의 여력과 상황,

관계의 온도가 맞아떨어질 때 가능한 일이지 요구자의 실력이나 권위 때문은 아니다.

'고려'는 거절이 아니다. 요구를 진지하게 들었지만 아직 판단을 위한 시간이 필요하다는 말이다. 이 단계에서 요구자가 조급해진 나머지 "그럼 언제까지?", "왜 이렇게 오래 생각해?"라고 압박하면 고려는 곧 거절로 변질된다.

'유보'는 내용과 방향은 동의하지만 시점이 맞지 않는 상태다. 이때 요구자는 선택해야 한다. 기다릴 것인가, 아니면 요구의 강도를 조절할 것인가. 유보를 무시하고 재촉하면 상대는 요구를 부담으로 인식한다.

'일축'은 말 그대로 거절이다. 이때 중요한 질문은 이것이다. "내 요구가 무리였는가, 아니면 전달 방식이 문제였는가?" 일축은 나를 거부한 것이 아니라 지금의 요구 방식이나 논리에 동의하지 않는다는 뜻일 수 있다. 그런데 이를 감정적으로 받아들이면 협상은 싸움으로 바뀐다. 가장 위험한 것은 '역반응'이다. 요구하지 않았더라면 유지되었을 관계가 요구 하나로 인해 무너지는 경우다. 요구 사항뿐 아니라 '나라는 사람' 자체가 부담스럽고 피하고 싶은 존재로 인식되는 상태다. 이 단계에 이르면 요구는 협상이 아니라 침범이 된다.

그래서 요구에는 반드시 협상의 법칙이 필요하다. 요구하려면 먼저 내가 짊어질 의무를 분명히 해야 한다. 건강한 요구는 이렇게 말한다.

"이걸 해 달라."가 아니라 "이걸 위해 내가 무엇을 감당할 수 있는가?"를 함께 제시한다. 요구는 상대에게 부담을 떠넘기는 행위가 아니라 관계를 재조정하자는 제안이다. 나는 바뀌지 않으면서 상대에게만 변화를 요구할 때 그것은 협상이 아니라 억지다.

요구의 질은 사랑의 깊이를 드러내고 요구를 다루는 태도는 인격의 수준을 드러낸다. 성숙한 부부는 요구 앞에서 이렇게 묻는다.

"이 요구는 우리의 관계를 살리는가, 아니면 나만의 편의를 얻으려는가?"

> **부부행복백신 : 선 의무이행 후 요구**
>
> 요구할 때는 나의 책임을 함께 제시하라.

알려주는 게
사랑

◆ ◆ ◆

부부 사이의 사랑에는 물론 애틋함도 있고 로맨스도 있다. 창밖의 세레나데, 장미꽃 한 다발, 기념일 이벤트 같은 것들이 관계를 윤택하게 만든다. 그러나 부부 사랑의 본질은 거기에 있지 않다. 부부 사이의 가장 성숙한 사랑은 '정확하게 알려주는 것'이다.

요구가 있다면 요구를 정확하게 말해야 하고 감정이 있다면 감정을 정확하게 표현해야 한다. 상대가 알아서 눈치채 주기를 기대하는 것은 사랑이 아니라 방임이다. 특히 남자들은 자신의 감정을 말로 표현하는 데 조금 더 의식적인 훈련이 필요하다. 감정을 숨기는 것이 책임감이나 배려라고 오해하기 쉽기 때문이다.

예를 들어보자.

남편이 회사에서 큰 실망을 겪었다. 이번에는 승진이 될 거라 기대했는데 발표된 인사 발령 명단에 자기 이름이 없다. 그 순간 분노와 허탈감이 동시에 밀려온다. 더 기가 막힌 것은 평소 탐탁지 않게 보던 후배가 승진했다는 사실이다. 화가 머리끝까지 치밀고 어깨는 축 처진다.

남편은 이렇게 생각한다.

'굳이 이런 얘기까지 집에 가져갈 필요 있나. 아내도 대충 알겠지.'

그래서 아무 말 없이 찌푸린 얼굴과 축 처진 어깨로 집에 들어온다. 아내는 남편에게 무슨 일이 있었는지 알 수 없고 그럴 때 여자는 대부분 문제의 원인 제공자로 자기를 지목한다.

'내가 뭘 잘못했나?'

'아침에 했던 말 때문인가?'

'혹시 나한테 쌓인 게 있나?'

남편이 말을 하지 않는 순간 아내는 마음속으로 소설을 쓰기 시작한다. 한 권이 아니다. 밤새 여러 권을 쓴다. 그리고 그 소설의 결말은 거의 언제나 같다.

'내가 문제다.'

이것은 사랑이 아니다. 이것은 정보 부재로 인한 정서적 방치다. 반대로 이렇게 말해보자.

"여보, 오늘 회사에서 인사 발령이 났는데 이번에도 승진 대상에서 빠졌네. 이번엔 정말 될 줄 알았는데 정말 실망스럽고 화가 나. 게다가 좀 고깝게 보던 후배가 승진한 걸 보니까 자존심도 상하네. 오늘은 기분이 많이 가라앉아 있어. 혹시 내가 당분간 침울해 하고 감정의 기복을 보이더라도 좀 이해해 줘.”

이 한마디로 문제의 소유자는 명확해진다. 문제는 남편의 회사 일이지 아내의 존재나 태도가 아니다. 그러면 아내는 쓸데없는 소설을 쓰지 않아도 된다. 자책하지 않아도 되고 혼자 무너지지 않아도 된다. 대신 남편을 위로할 여지가 생긴다.

“까짓것 때려 쳐요, 여보. 당신 같은 사람 가치를 못 알아보는 회사면 뭘 더 기대해. 오늘은 그냥 쉬어요. 내가 당신 편이잖아.”

이 말이 해결책은 아닐지 몰라도 관계는 지켜진다. 남편은 문제를 혼자 짊어지지 않아도 되고 아내는 쓸데없는 상처를 입지 않는다. 사랑은 감정을 숨기는 게 아니라 감정을 안전하게 전달해 주는 능력이다. 알려주는 것이 부담을 주는 게 아니라 알려주지 않는 것이 관계를 망친다. 부부 사이에서 침묵은 배려가 아니고 눈치는 사랑이 아니다. 정확히 알려주는 것, 그것이 성숙한 사랑이다.

배우자가 눈치채길 기다리지 말고 내 생각과 느낌, 요구 사항을 정확하게 알려주어라.

푸념은
푸념으로만 들어라

✦ ✦ ✦

"아니! 정말 남편이 때려치우면 어떡해요?"

아내들이 이렇게 물을 수도 있다. 부부 세미나 강의 중에 내가 받았던 질문이다. 그럴 때 나는 '푸념 받아 주기'라는 개념을 설명해 준다. 푸념은 마음에 품은 불평으로 넋두리다. 억울하거나 불만스러운 일 따위가 마음속에 있을 때 하소연하듯 길게 늘어놓는 말이다.

푸념을 불평으로 해석한 헛똑똑이가 있었다.

푸념과 불평의 차이를 몰라 부부 갈등을 겪은 어떤 남편 이야기다. 둘 다 해외 유학까지 다녀온 엘리트였다. 남자는 치과 전공의로 개인병원을 열었다. 아내도 박사학위까지 받고 와서 교수가 되었다. 각자 자기 삶에 최선을 다하고 사느라 결혼이 늦었다. 지인의 소개 끝에 같은 처지의 동갑내기 둘이 결혼했다. 결혼 후 첫 부부 싸움 끝에 아내가 못 살겠다며 이혼을 요구했다. 놀란 남자가 황급히 상담실을 찾아왔다.

남편은 해외 유학까지 다녀왔는데 입맛은 완전 토종이었다. 결혼 후 아침 식사로 한식을 요구했다. 게다가 국이 없으면 밥을 잘 먹지 못했다. 공부하느라 살림을 제대로 배워본 적도 없는 새댁이 국물 만들기란 여간 어려운 게 아니었다. 어느 날 아침 식사 중인 남편에게 푸념했다.

"아침마다 국 만들기 힘들어!"

그 말을 들은 남편은 '푸념'을 '불평'으로 해석했고 즉각 해결책을 제시했다.

"힘들어? 그럼 하지 마! 앞으로 아침 식사 집에서 안 하면 되지?"

그때부터 남편은 자기 병원 인근 반경 2킬로미터 이내의 모든 해장국집을 섭렵하기 시작했다. 아침에 출근하면서 해장국집에 들러 아침 식사를 해결했다. 아내가 하기 힘들다는 아침 식사 준비, 그것도 국물 요리 하기 힘들다고 한 것에 대한 해결책이었다.

또 하나는 다림질이었다. 남편은 의사니 드레스셔츠를 입어야 했고 아내는 늘 세탁과 다림질을 했다. 어느 날 아내가 푸념을 늘어놓았다.

"셔츠 다림질 하기 너무 어려워."

그 말을 들은 남편은 또 즉시 해결책을 제시했다.

"하기 힘들어? 그럼 하지 마."

그리곤 셔츠 전문점에서 셔츠 열 장을 사 평일 근무하는 동안 하루에 한 장씩 입고 주말마다 세탁소에 맡긴 후 찾아왔다. 남편은 아내가 싫다는 거 억지로 시킨 적 없는데 아내가 왜 볼멘소리를 하는지 이유를 모르겠다고 했다. 자기는 민주적인 사람이라 억지로 뭘 시키지 않는다고 했다.

그의 아내가 하는 말은 불평이 아니라 푸념이다. 푸념은 의지는 ON이고 감정은 OFF다. 즉 하지 않겠다는 말이 아니라 하기 싫고 귀찮다는 마음의 상태일 뿐이다. 그러면서도 하긴 할 것이다. 그때 싫은 감정 자체를 누군가 받아 주면 OFF가 ON으로 바뀌어 한결 나아진다. 가족과 연인, 절친과 동료란 푸념을 푸념으로 받아 주는 관계다. 아내가 국물 요리 힘들다고 할 때 이렇게 반응했다면 어땠을까?

"그래! 몇십 년 살림의 고수도 국물 요리는 힘들다고 하는데 공부하느라 살림 배울 시간 없었던 당신에겐 더 힘들겠지. 그래도 난 결혼하고 당신과 함께 아침을 먹는 시간이 아주 많이 행복해. 내 입맛이 까탈스러워 미안해. 그렇다고 국물 요리 너무 신경 쓰지 마. 일주일 전부 즉석 국으로 만들어도 괜찮으니까. 나는 국물 자체보다 당신이 해 주는 아침 식사 자체가 좋아!"

이렇게 말하면 아내는 입술을 삐죽이면서도 미소를 지을 것이다.

"알았어!"

셔츠를 다리기 힘들다고 했을 때도 마찬가지다.

"당연하지. 남자들이야 군 복무할 때 다림질을 배운다지만 여자들은 쉽지 않지. 당신이 줄을 몇 개 잡아도 난 당신이 다림질하며 만든 작품이라고 자랑할 거야. 너무 스트레스받지 마. 처음부터 잘하는 사람이 어딨어. 그리고 당분간은 시범 차원에서 내가 다림질 할게."

이렇게 푸념을 받아 주었다면 아내는 피식 웃고 기분 좋게 다림질을 계속해 주었을 것이다. 그런 것이 행복의 소재다. 공부하느라 다림질 한번 해 보지 못했던 사람이 결혼을 기점으로 사랑하는 남편을 위해 다림질을 능숙하게 해내는 사람이 되고 국물 요리를 잘 해내는 사람이 되어가는 과정도 행복이고 결과도 행복이다.

푸념을 푸념으로 받아 주는 일은 아주 큰 행복이다. 그러려면 관계로 연결된 사람들끼리 친밀해야 하고 정이 많아야 하고 같은 편이 되어야 한다.

푸념은 푸념으로만 받아주어라. 그럴 때 맞장구의 기술과 편들기의 기술을 활용하라.

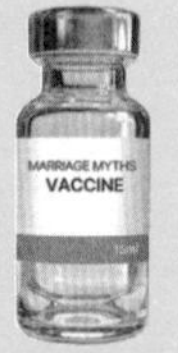
MARRIAGE MYTHS
VACCINE

5

결혼 후엔
세월만큼 원숙해질까?

결혼하면 어른이 될까? 아니면 어른이 되면 결혼할까? 둘 다 그럴듯하게 들리지만 실상 어느 쪽도 자동으로 이루어지지는 않는다. 결혼했다고 해서 저절로 어른이 되는 것은 아니며, 어른이 될 준비가 된 사람만이 결혼을 감당할 수 있다. 결혼 이후에도 철딱서니 없는 언행을 반복하고 무책임한 행동으로 방탕하거나 자기중심적인 태도를 고수한다면 그는 여전히 철부지다. 어른이란 자기가 한 선택에 책임을 지는 사람이며 자기 앞가림을 할 수 있고 자기 욕구보다 관계의 지속을 우선할 줄 아는 사람이다. 결혼은 그런 어른 남자와 그런 어른 여자가 만나 하나의 가정을 이루는 일이다. 그 안에는 반드시 책임과 의무가 먼저 따른다. 권리와 누림은 그다음에 주어지는 보상이다. 책임과 의무를 이행하지 않으면서 행복만을 기대하는 것은 봄에 아무것도 심지 않은 농부가 가을에 풍성한 수확을 기대하는 것과 같고 복권을 사지도 않은 사람이 당첨을 꿈꾸는 것과 같다.

생물학적 성인이라고
다 어른은 아니다

어른이란 말의 기본 의미는 '다 자란 사람', 혹은 '다 자라 자기 일에 책임을 질 수 있는 사람'이다. 주로 스무 살 이상의 사람을 통틀어 이른다(다음 사전). 그러나 이 정의는 생물학적 기준에 가깝다. 어른이라는 말이 실제로 담고 있는 의미는 훨씬 더 깊다.

어른이라는 말의 어원은 〈서동요〉에 등장하는 표현에서 유래한다는 해석이 있다.

"선화공주님은 맛둥방을 남 그으기 얼어두고"

여기서 '얼다'는 남녀의 결혼을 전제로 한 성적 결합을 가리킨다. 이 맥락에서 어른이란 혼인을 통해 사회적·윤리적 책임의 주체가 된 사람을 의미한다. 그래서 전통 사회에서 어른이란 결혼한 사람, 가정을 이룬 사람, 자기 삶뿐 아니라 타인의 삶까지 책임질 수 있는 사람을 가리키는 말이었다. 나이가 아무리 많아도 혼인을 하지 않으면 아직 어른이 아니고 나이가 어려도 혼인했다면 어른으로 여기는 문화적 인식이 여기서 나온다.

또한 어른은 나이나 항렬, 지위가 자기보다 높은 사람을 가리키는 말이기도 하고 남의 아버지를 공손히 이르는 호칭이기도 하다. 이는 어른이라는 개념 안에 품위, 절제, 책임감이 포함되어 있음을 보여준다. 즉 어른은 단지 나이가 많은 사람이 아니라 어른답게 행동할 줄 아는 사람이다.

심리학적 관점에서 어른의 핵심 조건은 자기통제력이다. 자기통제력이란 감정이 올라와도 그것에 휘둘리지 않고 이성과 의지를 작동시킬 수 있는 능력을 말한다. 특히 분노와 좌절, 불안과 수치심 같은 부정적 감정이 올라올 때 상황을 이성적으로 판단하고 신사적으로 행동하는 힘이다. 따라서 자기통제력이 부족한 사람은 생물학적으로는 어른일지 몰라도 심리적으로는 여전히 갓난아기다. 그가 하는 요구는 갓난아기의 요구와 크게 다르지 않아 모든 요구를 자기중심으로 즉각 충족하려 한다. 그 요구를 맞춰주지 않으면 가까운 이들에게 분노를 폭발시킨다. 그 분노가 밖으로 향하면 공격적인 언어와 행동이 되고 안으로 향하면 자기 비하와 무기력으로 변한다.

어른이 되면 관계를 맺고 유지하는 기술을 가져야 한다. 에리히 프롬이 《사랑의 기술》에서 말했듯 사랑은 감정이 아니라 배워야 할 기술이다. 자기중심적 사고에서 벗어나기 위해서는 독서치료, 인지치료, 자기 성찰 훈련과 같은 의식적 연습과 다양한 사람과의 교류를 통한 반추의 거울이 필요하다. 어른이 된다는 것은 나이가 드는 것이 아니라 관계를 다룰 수 있는 사람이 되는 것이다.

프로이트는 어린아이가 어린 시절의 발달 단계 과정을 비교적 원만하게 통과했을 때 비로소 제대로 된 어른이 된다고 보았다. 이처럼 심리적 성숙에는 부모와의 안정적인 관계 경험, 특히 어린 시절 양육자와의 상호작용을 통해 이수해야 할 발달과업이 필요하다. 그래서 부모가 행복한 부부로 살아가는 모습, 가정 안의 정서적 안정과 친밀함은 아이에게 인생 최고의 자산이 된다.

부부행복백신 : 어른 됨

감정을 통제하고 관계를 책임지는 어른이 되어라.

정신 나이가 갓난아기에
멈춘 사람들

♦ ♦ ♦

고착(fixation)이란 인간이 어떤 문제나 상황에 대해 새로운 관점이나 다른 선택을 하지 못한 채 특정 단계에 머무는 상태를 말한다. 또 심리적 고착이란 말 그대로 심리 상태가 어느 발달 단계에 멈추어 더 이상 성장하지 않는 상태가 지속되는 것을 뜻한다. 즉, 생존 능력의 고착이 아니라 관계 능력의 고착이다. 그래서 사회적으로 성공한 사람도 가정 안에서는 전혀 다른 얼굴을 보이곤 한다. 특히 사회적 성공을 자신의 전부로 동일시하는 경우, 즉 페르소나(persona)를 자기(self)와 혼동하는 경우 관계는 더욱 파괴된다. 그런 사람은 타인에게 상처를 주면서도 자신이 그 주체자임을 전혀 인식하지 못한다.

신체는 발육(growth)의 과정을 거친다. 어릴 때는 남녀가 비슷하게 자라다 2차 성징을 거쳐 남자는 생물학적 수컷(male), 여자는 생물학적 암컷(female)이 된다. 사람은 수컷과 암컷이라는 용어 대신 남자(man)와 여자(woman)라는 용어를 사용한다. 현대사회에 이르러서는 사회적 성(gender) 개념인 남성과 여성이라는 표현이 더 널리 쓰인다. 중년기에 접어들면 남성은 자신의 여성성을, 여성은 자신의 남성성을 수용하면서 내면이 통합된 인격으로 성숙된다. 이를 양성성(androgyny)이라 한다. 이 단계에 이르면 부부관계는 열정 중심의 결속을 넘어 우정의 차원으로 옮겨간다.

심리는 발달(development) 과정을 거친다. 발달은 단계를 거쳐 성숙으로 나아간다는 의미를 담고 있다. 심리적 발달이 원숙한 상태를 어른이 되었다고 표현한다. 이는 어린 시절 미성숙한 단계들을 하나씩 통과하여 성숙한 자아 상태에 이르렀다는 뜻이다. 이 개념은 프로이트가 말한 자아(ego), 그리고 교류분석(TA)의 창시자 에릭 번이 말한 어른 자아(A)와 맞닿아 있다. 즉 어른이란 감정에 휩쓸리지 않고 냉정한 이성을 유지하며 합리적으로 판단하고 행동하는 사람이다. 인간은 탄생과 동시에 발육과 노화의 과정을 거치지만 심리적 발달에는 각각의 시기마다 이수해야 할 필수 발달과업이 따른다. 이 과업을 제대로 통과하지 못하면 심리는 그 단계에 머무는데 이것이 바로 심리적 고착이다.

이 개념은 프로이트가 처음 체계화했다. 프로이트 심리학은 인간의 삶이 쾌락과 긴장의 조절 속에서 영위되고 심리적 발달의 각

단계 역시 성욕(Libido)의 발현과 고착으로 설명하였다. 이 설명은 많은 비판을 받기도 했지만 심리적 발달 단계를 체계적인 이론으로 정립했다는 점에서 그 학문적 가치는 여전히 높게 평가된다. 프로이트는 인간의 생애 중 첫 5년이 성인기의 인격 형성에 결정적 영향을 미친다고 보았다. 부모가 아이의 발달 단계를 민감하게 돌봐야 하는 이유가 여기에 있다.

예를 들어 갓난아기가 엄마의 젖을 빠는 구강기에 고착되면 입을 사용하는 활동을 과도하게 반복하는 경향이 나타난다. 껌 씹기, 손톱 물어뜯기, 흡연, 과음 등이 대표적이다. 담배는 빠는 행위의 전형이고 술도 술잔을 빤다는 차원으로 해석한다. 맛있는 음식을 찾아다니는 미식가 역시 구강적 쾌락을 통한 안정 추구로 해석할 수 있다. 이때 아이는 젖을 통해 배고픔이라는 생물학적 욕구를 충족할 뿐 아니라 엄마의 품에서 안정감을 느끼고 눈을 마주치며 사랑받는 존재라는 기본 자아감을 형성한다. 그런데 젖 떼는 과정이 지나치게 빠르거나 양육 과정에서 거부·불안·혼란이 반복되면 아이는 성인이 된 이후에도 과도한 의존성, 불안정한 자아, 주관의 취약성을 보일 위험이 커진다. 이런 경우 타인의 말이나 유혹에 쉽게 휘둘리는 성향으로 이어지기도 한다.

프로이트가 말한 두 번째 발달 단계는 항문기다. 이 시기는 배변 훈련을 받는 시기로 통제와 자율의 균형을 배우는 단계다. 이 단계에서 부모의 훈련이 지나치게 가혹하거나 혼란스러우면 항문 보유적(지나친 통제, 결벽, 완벽주의) 혹은 항문 배제적(무질서, 충동성, 방임) 성향으로 굳어질 수 있다.

　세 번째 단계인 남근기에 고착되면 우월감과 과시욕이 강해진다. 이른바 '자뻑' 성향이 강하여 성적 공격성이나 과도한 자기중심성으로 드러난다. 이 시기는 오이디푸스 콤플렉스와 일렉트라 콤플렉스가 형성되는 단계이기도 하다. 동일시가 건강하게 작동하면 성숙으로 나아가지만 병리적으로 작동하면 집착과 권력욕으로 굳어진다.

　우리 주변에는 신체적으로는 어른이지만 심리적으로는 영아기나 아동기에 고착된 채 살아가는 사람들이 적지 않다. 이들은 발육에 따른 인지기능, 언어 능력, 사회 적응 능력은 정상적으로 발달하여 직업을 갖고 돈을 벌며 사회생활을 한다. 그래서 외형적으로는 성공하고 큰 업적을 이룬 사람일지라도 심리적으로는 영아기의 특성을 그대로 드러낸다. 심리적으로 고착된 사람은 타인과의 관계에서 이성적이고 합리적인 대응 대신 원초적이고 반사적이며 자기중심적인 반응을 보인다.

> **부부행복백신 : 심리적 성숙**
>
> 나이에 맞는 심리적 성숙의 단계를 갖추어라.

욱하는 성질,
심리적 고착

필자가 심리학을 공부하려고 마음먹었던 것은 욱하고 올라오는 분노에 대한 궁금증 때문이었다. 결혼 후 4, 5년쯤 되었을 때 아내와의 갈등은 정점에 다다랐고 나는 아내에게 과도한 분노를 표출했다. 그러면서도 그 분노의 이유가 궁금했다. 심리학을 공부해 보니 태어나 그 나이가 될 때까지 누적된 분노가 한꺼번에 폭발한 것이었다. 내향성 성격에 수동적이며 착한 사람 스타일로 사는 사람은 마음에 분노를 담아두는 컨테이너의 크기가 보통 사람보다 크다. 그래서 웬만한 일에는 분노를 느끼지도 않고 표현하지도 않는다. 그러다 세월이 흘러 그 큰 컨테이너 용량이 꽉 차면 언제 터질지 모르는 시한폭탄이 된다. 내 아내는 그 폭탄의 인계철선을 건드렸고 터진 폭발로 큰 상처를 입었다.

에릭 번의 교류분석(TA)에서는 이것을 '회색 스탬프의 교환'이라고 한다. 회색 스탬프(gray stamp)는 인정과 칭찬(금색 스탬프)도 아니고 분노와 상처(검은 스탬프)도 아니다. 그저 아무 일 아닌 척 넘긴 숱한 감정의 누적이다. 겉으로 드러나지 않아도 속에선 계속 쌓인다. 그러다 마음의 용량(Container)을 다 채우면 한꺼번에 교환(폭발)을 한다.

부부간 일상에서 반복되는 작은 무시의 누적이 그런 결과를 초래한다. 어느 부부의 대화이다.

아내 : 오늘 엄청 힘들었어.

남편 : 요즘 세상엔 다들 힘들지 뭐.

겉보기엔 일상대화로 보인다. 그러나 아내의 마음에는 이해받지 못하고 무시당한 것 같은 느낌이 회색 스탬프로 찍힌다. 그런 세월이 어느 정도 지나 용량이 다 차면 별 대수롭지 않은 일로 과도한 감정 폭발을 한다. 가령, 남편이 컵을 깼다고 하자. 그때 아내는 분노를 폭발하며 이렇게 말한다.

"당신은 항상 내 말을 무시해!"

남편은 당황한다.

"컵 하나 깬 것 가지고 왜 거기까지 가?"

즉, 컵을 깨뜨린 사건이 아니라 그동안 누적된 회색 스탬프의 교환(폭발)이다.

남편의 경우를 보자.

남편 : 주말에 좀 쉬고 싶어.

아내 :애도 봐야 하고 집안일도 많은데….

남편은 더 이상 말 안 하고 그냥 참는다. 애도 봐주고 집안일도 해 주며 협조하나 마음속에 '내 쉬고 싶은 욕구는 중요하지 않다', '나는 도구에 불과하다.', '나는 어디서든 쉴 수 없는 존재다.' 라는 회색 스탬프를 계속 찍는다. 그러다 용량이 차면 느닷 없이 분노를 폭발(스탬프의 교환)한다.

"난 이 집 ATM이야."

그 관점으로 보니 어릴 적 시골에서 보았던 이해할 수 없는 어른들에 대한 궁금증도 해소되었다. 술만 마시면 싸우던 남자들, 분노를 주체하지 못해 아내와 자식을 폭력으로 다스리던 남자들, 밥상을 뒤엎고 집안을 공포로 몰아넣던 장면들, 죽도록 일만 하고도 사람 대접받지 못하던 여자들을 보며 어린 나이에도 이런 물음을 던졌었다.

"도대체 왜 저럴까?"

그때의 그 어른들은 생물학적으로 성인이었지만 심리적으로는 갓난아기 수준에 고착된 상태라 감정이 올라오면 이성으로 조절하지 못하고 순간적인 충동을 그대로 행동으로 분출했다. 상황과 자기감정을 구분하지 못했다. 밥상이나 술상을 엎는 행위는 분노의 표현이 아니라 자기조절 실패였다. 그런 사람들은 가족에게도 늘 두려움의 대상이고 어찌할 수 없는 절망의 대상이었다. 그런 가정은 자연스럽게 역기능 구조로 굳어질 수밖에 없었다.

분노는 누구에게나 있는 지극히 정상적인 감정이다. 문제는 분노 그 자체가 아니라 분노를 다루는 방식이다. 분노는 본래 자기보호 에너지와 추진 에너지이다. 분노를 분출해서 자기를 지켜내고 어떤 일을 하는 동력으로 활용할 수 있다. 오기나 독기를 품었다는 말도 분노에 의한 동기부여이고 홧김에 어떤 일을 했다고 할 때 홧김에는 "화 난 김에"의 줄인 말이다. 평소 같으면 못 하는 일도 자존심이 상하면 오기나 독기를 작동시키는데 자기 속의 억울함, 수치심, 분노를 에너지로 전환했다는 뜻이다. 그래서 화가 많은 사람은 잘만 활용하면 남들보다 훨씬 많은 일을 한꺼번에 처리하는 능력자가 될 수 있다.

욱한다는 말은 어떤 상황에서 방아쇠(trigger)가 작동되면 반사적으로 분포를 폭발시킨다는 말이다. 그러니 "나는 욱하는 성질이 있다."라고 말하는 사람은 "나의 정신 수준은 갓난아기 상태에 고착되어 있다."라고 동네방네 알리는 사람이다.

심리적으로 고착된 사람은 욱하는 성질을 여과 없이 분출하는데 그 분노가 대개 가장 가까운 사람, 즉 배우자와 자녀에게로 향하는 게 문제다. 가족은 자기도 모르게 방아쇠를 당겼을 뿐이고 부비트랩의 인계철선을 건드렸을 뿐이다. 반면 성숙한 사람은 분노가 올라오는 순간 그 이유와 강도를 알아차린다. 그리고 분노를 어떻게 표현할지 고민한다. 분노의 강도와 빈도, 대상과 정도, 때와 장소를 구분해서 표출한다. 그래서 작정하고 분노하는 사람이 무섭고 분노를 밑에 깔고 차분히 이성적으로 말하는 사람이 더 무

섭다. 오히려 욱하는 사람, 일명 방방 뛰는 사람은 하나도 무섭지
않고 도리어 우습다.

"마음 풀어. 나 뒤끝 없잖아."

이 말 역시 고착된 사람의 전형적인 언어다. 감정을 쏟아낸 뒤
스스로는 후련해졌기 때문에 문제가 끝났다고 착각한다. 카타르
시스(Catharsis) 효과 덕분이다. 카타르시스란 억눌린 감정이 표출
되며 정서적 정화와 해소가 일어나는 경험을 말한다. 그러나 상대
는 갑작스러운 공격으로 이미 상처를 입었다. 그 상태에서 내미는
화해의 손은 사과가 아니라 또 다른 압박과 공포의 신호다. 그럴
때 고착이 심한 사람은 상대가 즉각 반응하지 않거나 사과를 받아
주지 않으면 또 분노한다.

"내가 사과하고 있잖아! 그런데 왜 사과 안 받아 주는 거야?"

고착의 치유는 단순한 깨달음으로 끝나지 않는다. 멈춰 있던
단계에서 다시 출발하는 과정이 필요하다. 소설 《양철북》의 주인
공 오토 판 랭크브로크처럼 어떤 고착은 무의식적이 아니라 의식
적 선택으로 나타나기도 한다. 피터팬 신드롬 역시 어른이 되기를
거부한 고착의 예다. 이런 이야기가 세계 어디에나 반복해서 등장
하는 이유는 어른이 되는 일이 그만큼 어렵기 때문이다.

고착을 치유하는 과정에는 부화(孵化)의 시간이 필요하다. 부
화는 스스로 못하므로 품어주는 대상의 인내가 필수적이다. 그러
나 이 작업을 배우자 한 사람에게 맡기는 것은 지나치게 가혹하
다. 그래서 지원 그룹이 필요하다. 알코올 중독 치료에서 중독자

뿐 아니라 가족이 함께 AA 모임(Alcoholics Anonymous: 익명의 알코올 중독자 모임)에 참여하는 이유도 여기에 있다. 함께 품어주는 구조가 있어야 변화가 가능하다.

품어줌으로 부화시켜라.

탓하기,
심리적 고착

영아기에 고착된 사람에게는 잘못(guilty)의 개념이 없다. 개념 자체가 없으니 자기 잘못을 인정하지 않는다. 그래서 어떤 문제가 발생하면 그것을 오롯이 외부의 문제로 여겨 자기 잘못과 실수도 주변 사람에게 뒤집어씌운다. 이것이 투사(projection), 즉 책임 전가다. 그에게 사과를 요구하면 그는 그 요구 자체를 이해하지 못한다. 그리고 상대방이 사과를 강요하면 자기 억울함과 분노를 더 드러내고 자기를 정당화한다. 이런 사람이 부부 싸움 중에 가장 자주 사용하는 말이 바로 이것이다.

"당신이 나를 화나게 했잖아!"

그러나 냉정히 말하면 배우자가 나를 화나게 한 게 아니라 배우자의 행동에 내가 화내기를 선택한 것이다. 배우자의 말이나 행동은 방아쇠(trigger) 역할을 했을 뿐이다. 탓하기는 결혼 이후 가장 흔히 사용되는 방어기제다. 자신의 결혼이 불행한 이유가 배우자에게 있다고 믿는다. 심지어 내가 사람을 잘못 골랐다고 말하는 것조차 자세히 들여다보면 이미 배우자를 문제 있는 존재로 규정한 상태다. 이것 역시 책임을 외부로 밀어내는 방식이다.

탓하기는 사실 인간의 DNA 깊숙이 각인된 반응이다. 성경에 등장하는 최초의 인간 아담은 금단의 열매를 먹은 뒤 자신의 선택을 인정하지 않는다. 그는 책임을 하나님과 아내에게 전가한다.

"아담이 이르되 하나님이 주셔서 나와 함께 있게 하신 여자 그가 그 나무 열매를 내게 주므로 내가 먹었나이다(창 3:12)"

아담의 아들 가인 역시 같은 패턴을 보인다. 가인은 농사짓는 사람이었고 동생 아벨은 양치는 사람이었다. 처음에는 가인의 제사도 열납되었다. 그러나 어느 순간부터 아벨의 제사만 받아들여지자 가인은 그 이유를 자기 안에서 찾지 않고 아벨을 원인 제공자로 지목한다. 그리고 결국 동생을 직접 쳐 죽이는 비극의 주인공이 된다.

가인이 조금만 이성적이었다면 선택지는 분명했다. 문제의 소유자는 셋 중 하나였다. 하나님, 자기 자신, 혹은 아벨이다. 일단 하나님은 신이시라 완전한 분이므로 문제가 없다. 동생 아벨은 현재 제사가 열납되고 있으니 문제의 주체가 아니다. 남는 결론은 자기밖에 없다. 자기가 문제의 주체다. 그렇다면 가인이 할 일은 분명하다. 하나님께 이유를 묻든 따지든 하면 된다. 그랬다면 하나님은 그 이유를 분명히 알려주셨을 것이다. 아니면 아벨에게 컨설팅을 요청하면 된다. 이미 제사가 받아들여지고 있는 아벨의 눈에는 문제와 개선점이 보였을 것이다. 그러나 가인은 묻지도 않았고 듣지도 않았다. 자기 생각의 늪에 빠져 스스로 심판자가 되었고 동시에 처단자가 되었다. 가인은 심리적 고착의 대표적 인물이다. 이 세상엔 온통 가인의 후예들로 넘쳐난다.

다른 사람의 말을 귀담아듣고 모르는 것은 겸손하게 물어라.

회피하기,
심리적 고착

＊＊＊

회피 또한 심리적 영아기에 고착된 사람에게서 자주 나타나는 특성이다. 이들은 대체로 내향적이고 소극적이며 겉보기에 여리고 착해 보인다. 순둥이에 천사 같은 표정을 짓고 있다. 공격적인 언행으로 문제를 일으키지는 않지만 문제를 직면하지 않는다는 점에서 더 깊은 위험을 안고 있다. 외부에서 어떤 사건이 생겨도 관여하지 않고 어쩌다 문제가 발생해도 외면하거나 부정하고 뒤로 물러난다. 겉으로는 조용하지만 관계 안에서의 책임 회피가 배우자의 분노를 유발한다.

회피형 인간은 흔히 이렇게 말한다.

"굳이 내가 나설 필요는 없잖아."

"괜히 문제 키우지 말자."

"시간 지나면 괜찮아지겠지."

그러나 회피는 문제를 줄이지 않고 축적한다. 회피는 얼핏 겸손이나 배려의 얼굴을 쓰고 등장하지만 실제로는 결정장애와 무책임이다. 회피가 반복되면 성격 특성의 수준을 넘어 회피성 성격장애로 고착될 수 있고 이 회피성은 다시 의존성 성격장애를 유발한다. 회피는 안전한 전략이 아니다. 회피는 충돌을 피하는 기술이 아니라 성장을 포기하는 방식이다.

이들은 자신의 주관으로 무언가를 결정하는 것이 두렵다. 그래서 누군가 대신 결정해 주는 구조 안에 들어가면 오히려 안도감을 느낀다. 한국 사회에 사이비 종교가 많은 이유가 이것이다. 회피성·의존성 성향의 사람은 도망치는 것 같지만 실상은 붙들리기 쉬운 상태다. 망상성(편집성) 성격장애자인 교주는 신적 권위와 절대적 확신을 무기로 접근하고 회피형 인간은 그 확신에 기대어 자신의 선택을 위탁한다. 그래서 망상성 교주와 회피성·의존성 신자는 서로를 필요로 하며 결속된다.

혹, 배우자가 부부 상담을 받자고 하거나 부부 세미나에 함께 가자고 제안할 때 이렇게 말하면서 발뺌하는 사람은 심리적 고착 현상의 전형이다.

"난 아무 문제 없어."

"그런 곳에 왜 가?"

"쓸데없이 돈 낭비 하지 마."

“당신만 바뀌면 되잖아.”

이 말은 방어처럼 들리지만 실은 자기 고백에 가깝다. 의미를 번역하면 이렇다.

“나는 내 마음을 들여다볼 준비가 되어 있지 않다.”

“나는 변화의 책임을 지고 싶지 않다.”

“나는 아직 어른의 위치에 서 있지 않다.”

즉, 이런 말은 은연중에 자기의 심리적 상태를 시인하는 말이다.

“나는 심리적으로 갓난아기 수준에 고착된 상태다.”

‘문제가 없다’는 말은 성립 불가이다. 세상에 문제없는 사람은 아무도 없기 때문이다. 다만 문제를 인정하는 사람과 부정하는 사람이 있을 뿐이다. 문제가 없다고 말하는 사람일수록 자기 성찰을 회피하고 책임을 외부로 돌리며 관계의 문제를 상대의 결함으로 치부하고 있으므로 문제가 심각한 사람이다. 이 태도는 성숙이 아니라 정지 상태다. 심리적으로 성장하고 있는 사람은 “내가 뭘 놓치고 있을까?”를 늘 되묻는다. 그러나 고착된 사람은 “나는 틀린 게 없어.”에서 멈춘다.

“그런 곳에 왜 가?”라는 말도 오류다. 심리상담센터나 부부세미나는 부부를 힘들게 하는 곳이 아니라 전문 지식을 갖고 도와주는 곳이다. 물론 문제가 생겼을 때 가기도 하지만 문제가 커지기 전에 점검하는 곳이기도 하다. 건강검진을 받는다고 해서 그 사람이 중환자인 건 아니다. 건강검진은 오히려 자기 몸을 책임지는 일이다. 부부 상담도 마찬가지다. 그런데 "그런 곳에 왜 가?"라고 묻는다면 그 말의 이면에는 이런 사고가 숨어 있다.

"나는 점검받지 않아도 될 존재다."

"나는 검증될 필요가 없다."

이것은 자신감이 아니라 전능감의 환상이다. 그리고 전능감은 영아기의 대표적 특징이다.

"쓸데없는 돈 낭비 하지 마."

이 말도 냉정하게 말해 관계에 대한 투자 개념이 없다는 고백이다. 집을 사고 인테리어 비용은 쓰면서 결혼 생활을 유지하기 위한 학습 비용은 아까워한다. 차를 사면 유류비와 보험료, 정비와 꾸미기 비용을 당연히 내면서 관계를 정비하기 위한 비용은 낭비라 부른다. 이것은 가치 판단의 문제가 아니라 우선순위의 문제다. 인생에서 가장 중요한 관계가 결혼이라면 그 관계를 배우고 점검하는 데 드는 비용이 아깝다는 말은 성립하지 않는다.

"당신만 바뀌면 돼."

이 말은 가장 노골적인 고착 언어다. 이것은 전형적인 투사의 언어일 뿐이다.

"나는 변하지 않겠다."

"문제는 전부 너에게 있다."

이런 관계는 협력 구조가 아니라 가해자-피해자 구조로 전환된다. 그리고 부부관계가 이 구도로 굳어지는 순간 회복은 어려워진다. 미숙한 부부는 이렇게 말한다.

“우리 중 누가 옳고 누가 틀렸을까?”

성숙한 부부는 이렇게 말한다.

“우리 사이에 무엇이 작동하지 않고 있을까?”

회피를 고치는 방법은 단 하나다. 직면하기이다. 둔감화 기법을 통해 아주 작은 단계부터 마주하든 미친 척하고 한 번 들이밀어 보든 어떤 방식이든 행동으로 옮기는 것 말고는 길이 없다. 회피형 인간이 매일 스스로에게 외쳐야 할 좌우명은 이것이다.

“Just Do It!”

그리고 조동화 시인의 〈나 하나 꽃 피어〉는 회피하는 사람이 읽어야 할 시다.

나 하나 꽃 피어

풀밭이 달라지겠느냐고 말하지 말아라.

네가 꽃 피고 나도 꽃 피면

결국 풀밭이 온통 꽃밭이 되는 것 아니겠느냐.

나 하나 물들어

산이 달라지겠느냐고도 말하지 말아라.

내가 물들고 너도 물들면

결국 온 산이 활활 타오르는 것 아니겠느냐.

남들이 뭐라 하든 해야 할 일이라면 반드시 실행하라.

의처증과 의부증,
심리적 고착

의처증과 의부증은 성인의 지능이나 도덕성의 문제가 아니다. 이는 애착과 정서 조절 체계가 영아기 수준에 고착된 상태다. 언어 능력, 사고력, 사회적 기능은 성인이지만 가까운 관계에서 감정을 처리하는 방식만 영아기에 머물러 있다. 발달심리학적으로 보면 이는 에릭 에릭슨(Erik H. Erikson)이 말한 첫 번째 발달과업인 신뢰(trust) 대 불신(mistrust) 단계에서 불신에 고착된 상태에 해당한다.

그래서 아무리 근거와 논리, 알리바이를 입증해도 수긍하려 들지 않는다. 왜 그럴까? 대상관계이론으로 보면 다음 네 가지 영아기 심리 구조가 그대로 남아 있기 때문이다.

첫째, 대상항상성(Object Constancy)의 미완성이다. 대상항상성이란 돌봐 주는 대상이 눈앞에 없어도 그 존재와 사랑, 관계의 안정성이 지속된다고 믿는 내적 능력이다. 의처증과 의부증을 보이는 사람은 이 능력이 충분히 발달하지 못해 보이지 않으면 곧 없는 것으로 느낀다. 연락이 잠시만 끊어져도 이미 버림받았다고 확신하며 설명을 들어도 안심되지 않는다. 이때 나타나는 의심은 정보 부족의 문제가 아니라 불안의 문제다. 그래서 증거 없이도 확신하고 반복적인 확인 행동으로 이어진다. 불안이 누적되면 분노로 전환되고 분노는 공격으로 표출된다. 그러나 정서적으로는 여리기 때문에 폭발 이후 쉽게 후회하고 용서를 구한다. 이 의심과 분노, 공격과 후회의 순환이 관계 안에서 고정된 패턴으로 굳어진다.

둘째, 분리불안의 극대화이다. 의처증과 의부증은 상대를 사랑해서 생기는 문제가 아니라 상대를 잃을지도 모른다는 불안을 견디지 못해 발생한다. 이들에게 배우자는 독립된 타인이 아니라 정서적 안정과 자기 존재감을 지탱해 주는 핵심 기둥이다. 그래서 잠시의 거리, 일상의 분리, 사소한 변화조차도 위협으로 인식된다. 전화가 늦게 연결되거나 설명되지 않은 일정이 하나만 생겨도 상상은 과장되고 불안은 통제되지 않는다. 결국 의심과 추궁은 사실을 확인하기 위한 행동이 아니라 불안을 잠재우기 위한 강박적 시도다. 그러나 이러한 방식은 불안을 줄이기는커녕 관계를 옥죄며 오히려 상실의 가능성을 키운다.

셋째, 정서 조절 능력의 결핍이다. 의처증과 의부증을 보이는 사람들은 불안과 분노, 수치심 같은 감정을 스스로 다루는 능력이 현저히 부족하다. 감정이 올라오면 그것을 인식하고 가라앉히기보다 바로 상대에게 투사하거나 행동으로 분출한다. 그래서 불안은 곧바로 의심으로 전환되고 의심은 추궁과 통제로 이어진다. 문제는 이들이 느끼는 감정의 강도가 아니라 그 감정을 혼자 감당하지 못한다는 데 있다. 감정을 조절하지 못하는 사람은 관계를 감정의 배출구로 사용하게 되고 배우자는 위로의 대상이 아니라 감정 처리의 책임자가 된다. 그 결과 관계는 점점 멀어지고 갈등은 반복되며 불안은 오히려 더 증폭된다.

넷째, 욕구가 곧 생존과 직결된다는 감각이다. 의처증과 의부증을 보이는 사람들은 자신의 욕구가 좌절될 때 그것을 단순한 불편이나 실망으로 경험하지 않는다. 그들에게 욕구의 거절은 곧 존재의 위협이며 관계에서 밀려나는 신호로 해석된다. 그래서 상대가 연락을 늦게 하거나 요구를 즉각 수용하지 않거나 거리를 필요로 할 때조차도 '원하지 않는다.'가 아니라 '버려진다.'로 받아들인다. 이 감각은 매우 원초적이어서 이성적 판단이 개입할 여지조차 없다. 결국 욕구 충족은 선택의 문제가 아니라 생존의 문제로 과장되고 상대를 설득하거나 존중하기보다 어떻게든 붙잡고 통제해야 할 대상으로 인식하게 된다.

그렇다면 이 현상이 왜 배우자에게만 유독 심할까? 의처증·의부증을 가진 사람이 사회생활에서 멀쩡해 보이는 이유는 명확하다. 그들은 타인을 대상으로 애착 체계를 작동시키지 않는다. 그러나 배우자에게는 다르다. 무의식적으로 배우자를 일차 양육자로 인식하기 때문이다. 일차 양육자는 영아기 절대 의존 시기에 생존을 전적으로 맡는 대상이다. 그래서 배우자가 눈앞에서 사라지면 심리적으로 '관계의 위기'가 아니라 '생존의 위기'가 된다. 그래서 이들이 말하는 사랑은 사랑이 아니라 집착이다. 포옹조차도 적절한 거리와 압력이 아니라 붙잡지 않으면 사라질 것 같은 공포의 포옹이다. 논개의 팔에 안긴 왜장처럼 절대로 벗어나지 못하고 죽는다.

의처증과 의부증은 상대를 믿지 못하는 병이 아니라 혼자서 불안을 감당하지 못하는 영아기의 울음이 성인 관계에서 재현된 것이다. 몸은 성인이 되었지만 마음은 아직 엄마가 보이지 않으면 세상이 무너지는 상태에 머물러 있다.

부부행복백신 : 애착의 재형성

좋은 사람과의 만남을 통해 불안을 홀로 감당하는 어른이 되어라.

회피에서 벗어나야
해피

✦ ✦ ✦

사람의 내면이 성장하기 위해서는 무엇보다 듣는 귀가 열려야 한다. 그러나 안타깝게도 심리적으로 영아기에 고착된 사람은 듣는 귀가 없다. 말을 '듣기(聽)'도 하지 않고 요구를 '수용'하지도 않는다. 그 결과 대화를 하면 할수록 상대는 더 답답해지고 지쳐간다. 냉정하게 말하면 이런 상태에 머문 사람은 결혼에 적합하지 않다. 문제는 본인만이 아니라 배우자와 자녀까지 함께 힘들게 하기 때문이다. 그럼에도 이미 결혼을 했다면 이제 선택지는 하나다. 이 사람을 바꿀 것인가? 아니면 다루는 법을 배울 것인가? 이 단계에서 가장 중요한 것은 이 사람이 '설득의 대상'이 아니라 '관리와 조율의 대상'이라는 인식의 전환이다.

그렇다면 어떻게 다뤄야 할까?

첫째, 강한 의존성은 나를 숨 막히게 하는 사랑임을 인식하라.

심리적 영아기에 고착된 사람은 대체로 의존성이 매우 강하다. 결혼을 하면 배우자를 자기 시야 안에 두려 하고 그 통제를 사랑이라고 착각한다. 본인은 관심과 애정의 표현이라고 여기지만 상대는 점점 숨이 막힌다. 이 유형은 흔히 이렇게 말한다.

"내가 너를 얼마나 생각하는데."

"이게 다 너를 위해서야."

문제는 강도의 조절 능력이 없다는 것이다. 사랑에도 압력이 필요하다. 너무 느슨하면 무관심으로 오해받고 너무 강하면 상대가 숨을 쉬지 못한다. 이들은 자신의 방식이 과하다는 사실을 잘 모른다. 그래서 정면으로 "그건 부담스러워."라고 말하면 거절로 받아들이고 분노할 가능성이 크다.

둘째, 먼저 인정하되 그대로 묶이지는 말라.

이런 유형의 사람은 인정 욕구가 극단적으로 크다. 그래서 자신이 한 말이나 행동에 대해 즉각적인 감사와 확인이 없으면 무시당했다고 느끼고 화를 낸다. 그래서 첫 단계로 말의 의도를 인정하고 호의에 대해서는 감사를 표현한다. 여기서 매우 중요한 원칙이 있다. 인정은 곧 복종이 아니다. 감사와 수용은 하되 그것이 곧 모든 통제에 응답한다는 신호가 되지 않도록 경계는 서서히 그리고 분명히 해야 한다.

셋째, 분리-개별화는 충돌 없이 진행해야 한다.

부부라 해도 두 사람은 각기 다른 개체다. 그러나 고착된 사람은 이를 쉽게 받아들이지 못한다. 그래서 정면 대결이나 논리적 반박은 대부분 역효과를 낳는다. 이 경우 필요한 것은 힘겨루기가 아니라 거리 조절이다. 즉각적인 반박 대신 상황을 흘려보낸다. 감정이 고조된 자리에서는 결론을 내리지 않는다. 안전한 환경에서 짧고 단순한 메시지로 경계를 알린다.

예를 들면 이렇다.

"네 말의 뜻은 알겠어."

"그건 고마워."

"다만 이 부분은 내가 정할게."

길게 설명하지 않는다. 설득하려 들지 않는다. 짧고 반복적인 경계 문장이 오히려 효과적이다.

넷째, 강한 심리적 맷집을 가져야 한다.

이 유형의 사람과 함께 살아가려면 배우자는 심리적으로 약해지면 안 된다. 여기서 말하는 강함은 공격성이 아니라 자기 내면의 중심을 잡는 힘이다. 내 감정을 내가 해석하는 힘, 상대의 반응에 휘둘리지 않는 안정감, 죄책감 없이 거리를 둘 수 있는 능력이 없으면 관계는 사랑이 아니라 결박 구조로 굳어진다. 그래서 이 관계에서는 상대를 바꾸는 것보다 먼저 내가 무너지지 않는 것이 첫 번째 과제다.

심리적으로 고착된 사람과의 관계에서 정면 설득은 거의 통하지 않는다. 그럴수록 더 강하게 매달리고 더 크게 분노한다. 그래서 필요한 것은 감정 싸움과 변화 요구가 아니라 경계선의 설정이고 희망적 기대가 아니라 현실적 대응이다. 이것은 비정함이 아니라 생존의 지혜다. 관계를 지키기 위해서라도 다루는 기술 익히기는 꼭 필요하다.

생각한 후에 뛰지 말고 뛰면서 생각하라.

이상적인 MBTI 조합이란 없다

결혼 후 반복되는 갈등과 파국은 성격 불일치의 결과가 아니라 고착된 심리 구조가 관계 안에서 재현되는 과정인 경우가 훨씬 많다. 이것을 성격 문제로 오해하는 한 치유는 시작되지 않는다. MBTI를 비롯한 성격 검사 도구는 사람을 이해하는 도구로 유용하지만 구체적인 팁을 주고 사람의 수준을 높이는 도구로는 효용성이 크지 않다. 부부 갈등이 반복되면 흔히 이렇게 말한다.

"원래 성격이 그래."

"타고난 성격은 못 고쳐."

"MBTI가 안 맞아."

일반적으로 사용하는 성격유형 검사들은 개인의 선호 경향, 정보 처리 방식, 대인 반응 스타일을 분류하는 도구다. 대표적으로 MZ들이 많이 애용하는 MBTI는 기질론에 가깝다. 필자는 부부간 성격유형을 검사할 때는 교류분석(T.A)의 이고그램(ego-gram)을 많이 사용하는데 그럴 때마다 많이 듣는 질문이 있다.

"우리 부부는 MBTI가 맞나요?"

"부부간 이상적인 이고그램이 있나요?"

이 질문은 성립이 안 되는 질문이다. 이렇게 물어야 건강한 물음이다.

"우리는 서로 다른 성격을 어떻게 이해하고 조율할 수 있나요?"

MBTI(Myers-Briggs Type Indicator)란 개인이 정보를 인식하고 판단하며 행동할 때 선호하는 심리적 경향을 네 가지 이분법적 지표로 구분한 성격 검사 도구다. MBTI는 칼 융의 심리유형 이론을 토대로 만들어졌다. 융의 기본 전제는 사람은 모두 다르지만 그 다름에는 반복되는 심리적 경향이 있다는 것이다. MBTI는 이 경향을 측정이 가능한 언어로 정리한 도구이다. MBTI는 사람을 4가지 핵심 지표로 본다. 에너지의 방향에서 외향(E)과 내향(I), 정보 인식 방식에서 감각(S)과 직관(N), 판단 기준에서 사고(T)와 감정(F), 생활 양식에서 판단(J)과 인식(P)이다. MBTI는 그런 그 사람의 성향, 타고난 기질을 설명해 줄 뿐 그 사람이 어느 발달 단계에 머물러 있는지 혹은 위기 상황에서 감정을 얼마나 통제할 수 있는지는 드러내지 않는다.

예를 들어, 동일하게 외향형이고 감정형인 사람이라도 한 사람은 분노를 인식하고 조절할 수 있는 성숙한 어른일 수 있고, 다른 한 사람은 좌절하는 순간 즉각 폭발하는 영아기 수준의 고착 상태일 수도 있다. 겉으로 보이는 성격유형은 비슷해 보여도 의식 수준과 정서 조절 능력은 전혀 다를 수 있다는 뜻이다. 성격은 비교적 안정적인 특성이지만 고착은 성장 과정에서 멈춰버린 상태다. 그래서 성격은 바꾸기 어렵지만 고착은 치유와 재학습을 통해 풀 수 있다. 이 차이를 구분하지 못하면 사람은 평생 자신의 미성숙함을 이렇게 정당화한다.

"나는 원래 이런 사람이야."

한국인에게 익숙한 사주팔자라는 개념에서 사주란 생년·생월·생일·생시라는 네 가지 시간 정보이며 팔자는 그 사주에 대한 해석에 해당한다. 오행(목·화·토·금·수)은 에너지의 성향을, 음양은 그 에너지가 세상에 반응하는 방식을 설명하는 개념이다. 본래 사주는 인간의 운명을 단정하기 위한 도구가 아니라 개인의 기질과 경향을 이해하기 위한 일종의 성격유형 진단 체계에 가까웠다. 오행은 에니어그램과 마찬가지로 사람을 분류하기 위한 낙인이 아니라 각 사람에게 맞는 삶의 균형과 처방을 찾기 위한 언어다. 문제는 이 도구가 어느 순간 운명론으로 굳어지며 체념과 포기를 합리화하는 장치로 변질되었다는 데 있다. 그러나 역설적으로 운명론은 그것을 깨고자 하는 사람에게는 오히려 도움이 된다. 설령 어떤 조건 속에 태어났을지라도 자신의 삶을 다시 선택하려는 사람은 얼마든지 그 굴레를 벗어날 수 있기 때문이다.

심리적 고착이 심각한 사람도 평소에는 큰 문제가 없어 보인다. 사회생활도 하고 돈도 벌고 말도 잘한다. 그러나 관계가 가까워지는 순간, 책임이 요구되는 순간, 좌절과 거절을 만나는 순간, 그 사람의 실제 심리 나이가 그대로 드러난다. 그때 나타나는 것은 성격이 아니라 멈춰버린 발달 단계의 반응이다. 따라서 부부 갈등을 성격 차이로만 설명하는 것은 문제를 피상적으로 다루는 일이다.

"저 사람은 어떤 성격이냐?"

이 질문은 이렇게 바꿔야 한다.

"저 사람은 어느 수준의 감정 조절 능력을 갖추고 있는가?"

"저 사람은 좌절 앞에서 어른으로 반응하는가, 아니면 갓난아기처럼 반응하는가?"

부부행복백신 : 성품

온화한 성품으로 모난 성격까지 품어라.

성질대로 하고 싶은 충동을
제어하라

◆ ◆ ◆

사람의 성숙과 미성숙을 가르는 가장 분명한 기준은 자기통제력이다. 자기조절 능력(self-control)으로도 부르지만 심리학적으로 더 정확한 개념은 자기통제력(self-regulation)이다. self-control이란 화가 나도 억지로 참는 것, 하고 싶어도 눌러 두는 방식이다. 이 방식은 한계점에 이르면 폭발로 이어질 위험이 크다. 반면 self-regulation은 감정을 다루는 능력이다. 화가 나는 이유를 인식하고 그 감정을 언제, 어떻게, 어떤 방식으로 표현할지를 선택할 수 있다. 즉각 표출할 수도 있고 잠시 보류할 수도 있으며 더 건강한 방식으로 승화시킬 수도 있다.

사람의 성품을 측정하는 기준으로 지능이나 도덕, 의지보다 자기통제력이 더 정확한 이유는 분명하다. 첫째, 지능은 선한 행동을 보장하지 않는다. 아무리 똑똑해도 분노 앞에서는 무너질 수 있다. 둘째, 도덕은 상황에서 증발한다. 원칙을 아는 것과 지키는 것은 전혀 다른 문제다. 셋째, 의지는 소진된다. 의지는 버티는 힘이지만 자기통제력은 내면 구조다. 버티는 힘은 고갈되지만 조절 시스템은 안정화될 수 있다.

발달심리학적으로 보아도 성숙은 의지의 양이 아니라 조절 시스템의 안정성이다. 유아는 느끼는 대로 행동하고 아동은 규칙 때문에 멈추며 청소년은 타인의 시선 때문에 멈춘다. 그러나 성인은 자신의 가치 때문에 멈춘다. 미성숙한 사람은 이 조절에서 실패한다. 그 결과 분노 조절 문제가 생기고 중독이나 충동적 소비에 빠지며 인간관계에서 파괴적인 언행을 하고 즉각적 만족을 추구하면서 책임을 회피한다.

부부 사이에 자기통제력이 특히 중요한 이유는 사람마다 보이는 행동 패턴이 전혀 다르기 때문이다. 성숙한 사람은 화가 나도 멈추고 불안해도 확인하지 않으며 서운해도 공격하지 않는다. 반면 미성숙한 사람은 느끼는 즉시 쏟아내고 불안을 통제로 바꾸며 감정을 상대의 책임으로 전가한다.

자기통제력은 인격의 기초 체력이다. 이 체력이 없으면 사랑도, 신앙도, 결혼도 모두 감당 불가능한 과제가 된다. 자기통제력을 갖춘 사람은 상대가 좋아하든 싫어하든 자신의 목표와 책임에 집중할 수 있다. 관계를 버리라는 뜻이 아니라 인생의 주도권을 회복하라는 뜻이다. 그래서 결혼은 어른이 되는 계기가 아니라 어른인지 아닌지를 가려내는 시험대다. 어른이란 사랑받기 위해 사는 사람이 아니라 사랑 안에서도 책임을 잃지 않는 사람이다.

언제 어디서 누구와 무슨 일을 하든 자기통제력을 발휘하라.

건강한 경계선을
설정하라

◆ ◆ ◆

이심전심(以心傳心)은 말하지 않아도 통하는 상태를 말한다. 그러나 부부에게 이심전심은 출발점이 아니라 결과다. 말하지 않았는데 알아주길 바라는 것은 친밀함이 아니라 오해의 시작이다. 그래서 이 말보다 더 무식하고 위험한 말은 없다.

"꼭 말로 해야 돼?"

말하지 않으면 알 수 없다. 부부의 행복과 불행은 대부분 말에서 시작되고 말로 굳어진다. 행복한 부부는 존중과 배려의 언어를 쓰고 불행한 부부는 비난과 단정의 언어를 반복한다. 이심전심은 말을 줄여서 얻는 능력이 아니라 충분히 말해왔기 때문에 가능해지는 신뢰의 상태다. 부부의 행복은 마음이 통하길 기대하는 데 있지 않다. 마음이 통하도록 말을 선택하는 데 있다.

부부에게 경계선(boundary)은 거리두기가 아니라 관계를 오래 살리는 장치다. 경계선이 없으면 친밀함이 깊어지는 게 아니라 자아가 무너진다. 사랑은 합체가 아니라 상호 연결이다. 사랑하니 하나가 되어야 한다고 말하지만 이것은 통념 바이러스 감염 증상일 뿐이다. 오히려 사랑하기 때문에 각자는 더 견고히 홀로 서 있어야 한다. 경계선은 '너는 너, 나는 나'의 병리적 선언이 아니라 서로 함께 할 수 있다는 성숙함이다.

경계선이 분명한 부부는 서로의 다름을 알고 인정한다. 그러나 경계선이 없는 부부는 갈등이 생기면 단죄와 투사로 일관한다.

"네가 틀렸어."

"네가 나를 무시했어."

"너 때문에 내가 이렇게 됐어."

건강한 경계선은 갈등을 의견 차이로 인식하지만 병리적 경계선은 존재를 부정하는 것으로 여긴다. 그래서 작은 문제에도 큰 상처를 입는다. 건강한 경계선을 가진 사람은 이렇게 생각한다.

"내 감정은 내가 책임진다. 네 감정은 네가 책임진다. 그러나 우리는 서로 돕는다."

그러나 경계선이 없으면 상대의 기분이 내 책임이 되고 상대의 선택이 내 죄책감이 되며 결국 관계는 의존이나 통제로 변질된다. 자칫 경계선은 무책임으로 오해할 수 있지만 사실은 책임을 제자리로 돌려놓는 선이다. 경계선이 있어야 친밀감도 유지된다. 경계선이 없는 부부는 피차 숨이 막히고 서로 회피하며 성적 거리를 둔다. 그러나 건강한 경계선을 가진 부부는 안전감과 존중을 통해 친밀감으로 결속된다. 왜냐하면 사람은 함몰의 위협을 느낄 때 마음을 닫고 존중받을 때 마음을 여는 존재이기 때문이다.

"나는 나로 서 있을 수 있을 만큼 안전하다. 너도 너로 서 있기를 존중한다."

이것은 게슈탈트 치유의 창시자 펄스가 중요시했던 개념이다. 그는 '게슈탈트 기도문'을 통해서 건강한 경계선 세우기를 가장 우선 목표로 삼았다. 게슈탈트 기도문은 거리두기의 선언이 아니라 관계를 가능하게 하는 선언이다. 나는 나로 서 있을 때만 너를 만날 수 있고 사랑은 합체가 아니라 선택된 만남임을 분명히 하고 있다.

다음은 게슈탈트 기도문이다.

나는 너를 위해 존재하는 내가 아니다.
너도 나를 위해 존재하는 네가 아니다.
나는 나이고, 너는 너다.
그럼에도 우리가 우연히 만나 서로를 발견한다면
그것은 참으로 아름다운 일이다.
그러나 그렇지 않는다 해도 어쩔 수 없는 일이다.
I am not I for you.
You are not you for me.

사례) 경계선의 유무에 따라

어느 부부학교 모임에서였다. 한 번은 삼 년 차 신혼부부가 부부 싸움을 크게 했다며 부부학교에 올 의미가 없다고 참석을 거부했다. 어찌어찌 달래어 참석하게 하고 그 이유를 물었다. 그랬더니 영화를 보고 나오면서 둘이 대판 싸웠다는 것이다. 당시 꽤 흥행하던 로맨스 영화였는데 영화를 보고 나오는 길에 남편이 자기도 모르게 이렇게 말했다고 한다.

"와! 영화 여주인공 진짜 예쁘더라. 어떻게 사람이 그렇게 예쁠 수가 있을까? 캬! 남자라면 그런 여자하고 살아봐야 하는 건데….쩝!"

그 말을 들은 아내가 발끈 화를 냈다.

"뭐? 어쩌고 어째? 아니 마누라가 버젓이 옆에 있는데 어떻게 그런 말을 할 수 있어?"

"뭘 그걸 가지고 그래? 그냥 한 말이야."

"그냥 한 말? 할 말이 있고 안 할 말이 있지 그게 할 소리냐? 당신 요즘 뭐 이상한 짓 하는 거 아냐?"

이런 대화가 오가다 피차 화가 머리끝까지 나서 더 이상 같이 못 살겠다고 결론지었으니 이혼하는 게 맞지 않느냐는 거였다.

이 이야기를 듣던 결혼 삼십 년 차 부부의 아내가 말했다.

"우리도 그 영화 봤는데? 그리고 우리 남편도 극장 나오면서 그 소리 똑같이 했는데? 호호 남자들은 똑같은가 봐."

그러자 젊은 부부가 물었다.

"두 분은 싸우지 않으셨어요?"

"싸우긴 왜 싸워? 피차 웃고 말았는데?"

"아니 어떻게 그 상황에 웃고 말 수가 있나요?"

젊은 부부의 아내가 궁금해했다. 그러자 삼십 년 차 부부의 아내가 그때 자기가 했던 말을 그대로 다시 들려주었다.

"그렇지? 진짜 예쁘지? 같은 여자가 봐도 저렇게 예쁜데 하물며 남자의 눈에는 오죽하겠어? 그래도 당신, 아직 팔팔한가 봐. 그런 생각하는 걸 보니."

"어떻게 그게 가능하죠?"

"그건, 남편의 생각과 느낌이니까. 생각 자체, 느낌 자체에 무슨 죄가 있어? 이미 든 생각인데, 반사적으로 든 느낌인데 말이야. 그렇다고 남편이 여자 배우의 스토커가 되겠다는 것도 아니고, 저 여자 배우랑 결혼할 테니 나와 이혼하겠다는 것도 아니고. 내가 맞장구 쳐 주었더니 저 양반 기분이 한껏 좋아진 것 같더라. 덕분에 더 많이 웃고 더 행복한 시간이 되었지"

차이는 딱 하나다. 상대방의 경계선을 인정해 주었느냐 아니냐다. 젊은 부부는 경계선을 인정하지 않았고 중년기 부부는 상대방의 생각과 느낌을 있는 그대로 인정해 주었다. 생각과 느낌엔 본래 도덕이 없다. 이미 일어난 마음의 작용인데 그것을 가지고 '옳다'와 '그르다'로 구분할 수는 없다. 생각은 생각이고 느낌은 느낌일 뿐이다. 부부가 비록 다른 생각, 다른 느낌이 든다 해도 틀린 것은 아니다.

남편의 말을 듣고 아내가 기분이 나빴을 수도 있다. 그래도 이렇게 대화가 오갔으면 어땠을까?

"당신의 그 말 듣고 나니(상황) 좀 우울해지네(감정)."

"내 말에 좀 우울해졌다고?(Copy) 그렇게 느껴졌다면 미안해(조건 Excuse)."

그 다음에 질문을 통해 보다 구체적으로 접근할 수 있다.

"특히, 어떤 부분에서 우울해졌어?"

다른 악기 연주자를 존중하는 오케스트라 단원처럼 살아라.

배우자는 자물쇠,
나는 열쇠

하버드 의과대학 정신과 로버트 월딩어 교수는 무엇이 사람들을 행복하고 건강하게 하는지 알기 위해 75년간 남성 724명의 인생을 추적 연구했다. 연구 결과 행복은 부(富)나 성공, 명예, 혹은 열심히 노력하는 데 있지 않았다. 바로 좋은 인간관계가 사람을 건강하고 행복하게 만들었다.

그렇다면 좋은 인간관계는 어떻게 만들 수 있을까? 우리는 때로 다른 사람의 감정을 함부로 다룬다. 우리 마음대로 생각하거나 흠을 잡고 위협하고 비난하여 관계를 깨뜨리는 경우가 많다. 하지만 다른 사람을 배려하는 말 한마디와 역지사지(易地思之)의 심정으로 이해하려고 하면 원만한 대인관계를 유지할 수 있다.

부부 사이도 마찬가지다. 배우자는 자물쇠이고 나는 열쇠이다. 자물쇠에 열쇠를 맞추는 것이지 열쇠에 자물쇠를 맞출 순 없다. 많은 사람이 배우자를 자물쇠로 보지 않고 고장 난 문으로 여긴다. 그래서 문을 걷어차거나 자물쇠에 맞지 않는 열쇠를 억지로 쑤셔넣다 자물쇠를 망가뜨리고 열쇠마저 부러뜨린다.

부부관계가 막히면 배우자를 이해하기보다 자신이 쓰던 열쇠를 더 세게 밀어 넣는다. 나에게 익숙한 말투, 나에게 편한 방식, 내가 옳다고 믿는 논리로 상대방을 열려고 한다. 그러나 그 열쇠는 과거의 관계에서는 맞았을지 몰라도 지금 눈앞의 자물쇠에는 맞지 않을 수 있다. 성숙한 관계란 새로운 열쇠를 만드는 과정이다. 공감과 경청, 질문과 맞장구의 기술은 탁월한 열쇠다. 모든 열쇠가 같은 역할을 하지는 않는다. 어떤 자물쇠는 공감의 열쇠로 열리고 어떤 자물쇠는 침묵의 열쇠로 열린다. 어떤 때는 해결책이 아니라 경청이, 조언이 아니라 인정이 필요하다. 부부 대화의 어려움은 말을 잘 못 해서가 아니라 지금 이 자물쇠에 어떤 열쇠가 필요한지를 묻지 않기 때문에 생긴다.

마음에 자물쇠를 채우게 하는 말이 있다. 이 내용은 다른 장에서 존 가트맨 박사의 '관계를 깨는 4가지 언어 패턴'으로 설명한다.

그렇다면 어떻게 하면 마음의 빗장, 자물쇠를 열게 할까?

첫째는 공감의 열쇠다. 공감은 먼저 타당하게 받아주는 것(validating)에서 시작된다. 해결보다 이해가 먼저 작동하는 원리다.

“그럴 수 있었겠다.”

“그 말 들으니 많이 힘들었겠다.”

“당신이 그렇다면 그런 것이다.”

둘째, 질문의 열쇠이다. 질문을 던져 상대방으로 하여금 말하게 한다. 즉 상대방으로 하여금 방어 모드에서 참여 모드로 바꾸는 작업이다.

“당신은 어떻게 느꼈어?”

“내가 지금 잘못 이해하는 게 뭐야?”

셋째, 인정(appreciation)의 열쇠이다. 이때의 인정은 너의 수고와 헌신을 내가 알고 있다, 그래서 고맙다는 뉘앙스이다. 어려운 일을 겪었거나 성취를 이뤄냈을 때도 “네 입장에서는 쉽지 않았겠다.”라고 인정해 주는 일이다. 옳고 그름보다 노력과 감정을 인정하고 감사하는 이때 배우자는 자존감이 회복되고 대화가 이어진다. 사람은 자신의 수고에 대해 인정받을 때 마음 문을 열게 되어 있다.

“그 정도면 최선을 다했네.”

넷째, 책임의 열쇠이다. 상대방을 비난하는 게 아니라 내가 내 감정의 주인이 되는 방법이다. 갈등을 싸움이 아니라 부부 공동의 문제로 전환하여 같이 해결하려는 태도이다. 책임지는 말은 관계를 안전하게 만든다. 우리에게 잘 알려진 나 전달법(I-message)은 내 감정의 주체가 나라는 것을 인정하는 대화법이다.

“네가 그래서가 아니라 내가 이렇게 느꼈어.”

다섯째, 기다림의 열쇠이다. 타이밍을 존중하는 태도로 강요하지 않는 대화는 오래간다.

"지금 말하기 어려우면 언제가 괜찮을까?"

배우자의 마음을 여는 다양한 열쇠(공감·질문·인정·책임·기다림)를 적절하게 사용하라.

우울감은 우월감이란 동전의 앞면

우울감은 단순히 기분이 가라앉은 상태가 아니다. 우울감은 우월한 존재로 남고 싶다는 은밀한 욕망이 좌절될 때 나타나는 감정이기도 하다. 다시 말해 우울감의 이면에는 언제나 우월감에 대한 기대, 인정 욕구가 숨어 있다.

필자는 누구보다 우울감을 자주 느끼는 사람이다. 무대에서 강연하고 노래와 연주를 하는 모습을 본 사람들은 필자를 외향적이고 적극적인 사람으로 평가한다. 그러나 실상은 극단적으로 내향적이고 소극적인 성향에 가깝다. 남들과 비교하며 상대적 박탈감을 자주 느끼는 사람이다. 그래서인지 SNS를 보고 있노라면 긍정적인 에너지보다 부정적인 감정, 특히 우울감이 더 자주 올라온다. 남들은 다 잘하는 것 같고 더 유명한 것 같고 더 행복한 시간을 보내는 것 같고 더 귀하게 쓰임 받는 존재처럼 보인다.

누군가 감탄을 자아내는 노래를 부르면 그런 노래를 부르지 못하는 나 자신과 비교하며 이내 시무룩해진다. 청중을 휘어잡고 울렸다 웃겼다 하는 명강사를 볼 때면 내가 하는 강의가 한없이 초라하게 느껴지기도 한다. 무엇을 하든 완전히 탁월하다고 말할 만한 것이 없고 어중간한 것들만 잔뜩 쌓여 있는 사람처럼 느껴진다. 어떤 이는 이런 나를 부럽다고 말하지만 그 말조차 진심으로 들리지 않는다. 우쭐해지지도 않는다.

코로나 시기에는 특히 깊은 우울감의 늪에 빠져있었다. 곱씹어 보니 '무능한 존재', '효용성 없는 존재'라고 느낄 때 우울감이 가장 심해졌다. 반대로 강연이나 상담, 연주 같은 활동을 통해 누군가에게 도움이 되고 그에 따른 수입이 생기면 비로소 쓸모 있는 존재가 된 듯 감각이 되돌아왔다. 자기효능감이 우울감을 잠시 밀어내는 것이다.

어느 순간부터 사진 찍는 일이 싫어졌다. 사진 속에 담긴 내 얼굴을 마주하기가 불편해졌기 때문이다. '나이 듦의 미학'이라는 말을 꺼내며 나이 듦을 예찬하기도 하지만 솔직히 말하면 그것은 나이 듦을 인정하지 않으려는 부정과 합리화라는 방어기제로 느껴질 때가 많다. 나이 드는 건 여전히 싫다. 몸에서 느껴지는 변화도 그렇고 죽음이라는 단어가 이전보다 훨씬 실감 나게 다가오는 것도 유쾌하지 않다. 외면할 수 없다는 걸 알면서도 마음 한편은 여전히 씁쓸하다.

우월감이 동전의 앞면이라면 뒷면은 열등감이다. 열등한 존재라고 느낄 때는 우월한 존재이고자 하는 욕망이 좌절된 상태이다. 따라서 열등을 열등으로 수용하면 더 이상 우월해질 필요도 없고 우울해질 필요도 없다. 들꽃은 장미를 부러워하지 않는다. 들꽃은 들꽃의 아름다움이 있고 장미는 장미의 아름다움이 있을 뿐이다. 또 토끼는 호랑이를 부러워하지 않는다. 토끼는 토끼로 살면 되고 호랑이는 호랑이로 살면 된다. 호랑이에겐 간식거리에 불과한 손쉬운 먹잇감이지만 토끼는 멸종되지 않고 살아남았다. 토끼가 살아남은 방법은 짧은 임신 기간과 많은 출산이다. 토끼의 임신 기간은 약 28~31일이며, 한 해 동안에도 여러 번 출산이 가능하고, 한 번에 4~12마리까지 낳기도 한다. 반면, 호랑이는 약 100~105일로, 2~4마리 출산하고 새끼는 2년 가까이 어미와 함께 생활한다.

부부는 서로의 내면을 비추는 거울이다. 가면(persona)을 쓰지 않은 마음의 민낯이다. 그래서 배우자에게서 보이는 부족한 부분은 곧 나의 모습이기도 하다. 배우자를 향한 비난은 곧 나에게 하는 비난이다. 부부끼리는 우월감에 빠질 이유도 없고 열등감을 느낄 이유도 없다. 거울의 본래 기능은 교정의 기능이다. 화장이 잘되었는지, 단추가 잘 채웠는지, 맵시가 나는지를 확인하고 잘못된 것을 교정하는 시간이다. 그래서 배우자의 허물과 약점은 도와주라는 신호이다. 비난하고 공격할 이유도 없고 부끄러워 숨길 필요도 없다. 인류 최초의 부부 아담과 하와에 대해서 성경은 이렇게 묘사한다.

"아담과 그의 아내 두 사람이 벌거벗었으나 부끄러워하지 아니하니라(창 2:25)."

자신의 한계를 명확하게 인정하고 수용하여 우월감과 열등감에 의한 우울감을 떨쳐 버려라.

바꾸려 하면 불행,
바뀌려 하면 행복

사람은 대접받는 만큼이 아니라 대접하는 만큼 성숙해진다. 많은 부부가 더 사랑받으려 하고 더 인정받으려 하고 더 이해받으려 한다. 그러나 행복한 부부는 반대로 움직인다. 먼저 배려하고 먼저 이해하고 먼저 낮아진다. 왜냐하면 관계는 요구로 좋아지지 않고 공급으로 좋아지기 때문이다.

'저 사람이 변하면 좋아질 텐데….'

이것은 가장 비현실적인 기대다. 그런 변화를 기다리는 동안 늙어간다. 부부는 서로를 바꾸는 구조가 아니라 서로에게 영향을 주는 구조다. 한쪽이 변하면 다른 쪽도 반드시 흔들린다. 그래서 먼저 변하는 사람이 결국 관계의 방향을 잡는다.

사랑은 감정이 아니라 역할이다. 좋은 배우자가 된다는 것은 더 친절한 사람이 되고 더 이해하는 사람이 되고 더 책임지는 사람이 되는 것, 즉, 사랑을 느끼는 사람이 아니라 사랑을 수행하는 사람이 되는 것이다. 역할을 먼저 선택하면 감정은 따라온다. 상대를 바꾸려는 사람은 통제자가 되고 자신을 바꾸는 사람은 책임자가 된다. 배우자를 고치려 들수록 잔소리가 늘고 간섭이 많아지고 갈등이 커진다. 그러나 내가 먼저 변하면 분위기가 바뀌고 언어가 달라지고 관계의 온도가 변한다.

자신의 변화는 배우자 설득보다 효과가 빠르다. 하나님도 먼저 사랑으로 관계를 시작하셨다. 우리가 사랑한 후에 하나님이 사랑하신 것이 아니라 하나님이 먼저 사랑하셨다. 부부관계도 동일하다. 먼저 사랑하는 쪽이 관계의 주도권을 쥔다.

결혼은 선택이지만 좋은 배우자가 되는 것은 훈련의 결과다. 배우자를 바꾸려는 순간 싸움이 시작되고 나를 바꾸는 순간 회복이 시작된다. 즉 바꾸려 하면 불행해지고 바뀌려 하면 행복해진다. 또 문제는 상대를 바꾸는 것이 아니라 환경을 바꾸거나 방식을 바꾸면 해결되는 경우가 많다.

중세 유럽에서 페스트가 퍼졌을 때 사람들은 그것을 죄에 대한 벌이라고 믿었다. 도시는 기도했고, 행진했고, 회개했고, 심지어 서로를 비난했다.

“저 사람들이 더 타락해서 그래.”

“하나님이 분노하셨다.”

하지만 병은 멈추지 않았다. 나중에야 사람들은 다른 사실을 발견했다. 도시는 쓰레기와 오물로 가득했고 하수는 길거리로 흘렀으며 쥐와 벼룩이 질병을 옮기고 있었다. 도덕을 고치려 애쓰던 사람들이 환경을 고치기 시작했을 때 비로소 병이 줄어들었다. 하수도가 생기고 도시 위생이 바뀌자 죽음의 행진이 멈췄다. 설교로 사람을 바꾼 게 아니라 구조를 바꿨을 뿐이었다. 그때부터 도시를 건설할 때는 사람이 뛰어다닐만한 크기로 하수도를 만들었다. 영화 〈장발장〉에서 장발장이 뛰어다니던 파리의 거대한 하수도는 유럽 도시가 질병과 악취를 겪으며 깨달은 한 가지 진실의 결과였다. 사람을 탓한다고 병이 멈추지 않는다는 것. 구조를 바꿔야 생명이 산다는 것. 그래서 도시는 설교 대신 하수도를 만들었다.

부부행복백신 : 변화

배우자를 바꾸려 하지 말고 내가 먼저 바뀌어라.

구조자의 자기 안전 확보가
우선

물에 빠진 사람을 구하려다 함께 익사하는 구조자는 영웅이자 또 하나의 피해자가 된다. 그럼에도 우리는 상대를 살리겠다는 명분으로 자신의 한계를 무시하고 책임질 수 없는 짐까지 떠안으며 결국 함께 무너지는 선택을 반복한다. 구조는 살아 있는 사람만이 할 수 있는 일이며 자기 안전을 지킬 줄 아는 사람만이 타인을 붙잡을 수 있다.

이 원리는 결혼에도 그대로 적용된다. 이상적이고 행복한 결혼, 배우자를 위한 최상의 사랑은 건강한 홀로서기에서 시작된다. 남편이든 아내든 먼저 자기 삶의 주체로 서 있어야 한다. 건강한 자아상, 최소한의 경제적 자립 능력, 위기 대처 능력, 의사소통 능력, 삶의 방향과 가치관이 갖추어져야 비로소 결혼은 짐이 아니라 선물이 된다. 그러니 결혼의 조건에서 외모나 경제력 같은 외적 요소보다 더 중요한 것이 문제 해결 능력, 조율과 협상의 능력, 인생을 바라보는 철학과 가치관이다. 이런 능력은 단기간에 생기지 않는다. 인문학과 예술, 사유와 성찰의 시간을 통해 서서히 길러진다.

또한 내가 능력자가 되어야 행복한 결혼 생활을 이어갈 수 있다. 인심은 광에서 나오는 법이다. 배려는 내 배가 불러야 가능하고 베풂은 내 안이 먼저 채워져 있어야 가능하다. 집에 손님이 오면 반가울 때가 있고 부담스럽고 불편할 때가 있다. 형편이 넉넉하고 마음의 여유가 있을 때 찾아오는 사람은 반가운 손님이다. 벗은 발로 뛰어나가 맞이한다. 함께 보내는 시간이 기쁘고 즐겁다. 그러나 돈도 없고 먹을 것도 없고 시간도 없는데 불쑥 찾아와서 기약 없이 머무르면 그는 '손님'이 아니라 '손놈'이 된다. 대접하더라도 마음은 불편하고 짜증만 쌓여 억지로 하는 대접이 된다. 그러면 머무는 사람 역시 편안하지 않다. 주는 사람도 받는 사람도 모두 불편해진다.

부부관계를 굳건히 세우기 위해 먼저 나를 굳건히 세워라.

결혼이란 악기를 선택하고
사용하는 것과 같다

결혼은 악기를 하나 구하는 것과 같다. 악기는 직업을 위해 사든 취미를 위해 사든 내 삶의 유익을 위해 산다. 어떤 악기를 살지, 어느 가격대의 악기를 살지, 어디서 배우고 익힐 수 있는지, 활용은 어떻게 할지를 고민한 뒤 최종 선택한다. 비싼 악기를 샀다고 해서 연주 실력이 자동으로 생기지는 않는다. 이후에는 배우고 익히는 과정이 필요하고 실력을 유지하기 위한 반복 훈련이 뒤따라야 한다. 하루 이틀 연습을 거른다고 당장 소리가 나지 않는 것은 아니지만 그 차이는 무대 위에서 반드시 드러난다. 꾸준히 다루지 않은 악기로는 안정된 연주도, 감동적인 연주도 기대하기 어렵다.

아무리 값비싼 악기라도 다룰 줄 모르는 사람에게는 무용지물이다. 반대로 보통의 악기라도 연주자의 손에 따라 소리의 깊이와 차원은 달라진다. 결혼도 마찬가지다. 배우자가 좋은 조건을 다 갖추었음에도 나의 부족함으로 피차를 불행의 늪에 빠뜨리는 경우가 적지 않다. 남편으로 충분히 좋은 사람인데 그것을 다루지 못하는 아내 때문에 불행한 일도 있다. 또 아내로서 충분히 좋은 사람인데 그것을 감당할 줄 모르는 남편 때문에 고통받는 경우도 적지 않다. 문제는 사람보다 '사용법'에 있는 경우가 훨씬 많다. 그리고 그 결과는 부부 개인의 불행에 그치지 않고 자녀에게까지 고스란히 전가된다.

결국 행복은 환경의 문제가 아니라 그 환경을 해석하고 다루는 사람의 수준 문제다. 같은 악기라도 누군가는 짜증을 유발하는 소음을 발생시키고 누군가는 감미로운 음악을 만들어 낸다. 그래서 행복은 그 사람의 수준과 정비례한다. 의식 수준이 높을수록, 교양의 깊이가 깊을수록, 자기 통제력이 단단할수록 행복의 가능성은 커진다. 갈등이 생겨도 감정의 폭발이 아니라 조율과 협상으로 다룰 수 있는 능력, 사소한 일상에서도 기쁨을 발견할 수 있는 감각, 즉 소확행을 누릴 줄 아는 눈과 마음이 갖춰질 때 삶은 비로소 안정된다.

악기를 다루는 연주자는 감각을 유지하려 애쓴다. 능숙하게 연주하던 곡도 몇 달만 손을 놓으면 금세 감각이 무뎌지고 잊는다. 감각을 유지하려면 매일 연습해야 한다. 이미 익힌 곡을 잘 유지하면서 또 새로운 곡도 배우고 익혀야 한다. 그래서 악기는 정복이란 개념이 없다.

부부도 다르지 않다. 남자와 여자는 완전히 다른 존재이기에 남자는 여자를 배워야 하고 여자는 남자를 배워야 한다. 결혼은 완성이 아니라 죽을 때까지 이어지는 학습이다. 이해하고 익히고 다시 연습하는 과정이다. 행복을 오래 유지하는 부부의 공통점은 멈추지 않고 끊임없이 배운다는 데 있다. 그래서 대한민국에서는 남자와 여자가 만나 결혼하면 그 둘의 관계를 법적으로 이렇게 규정한다.

"배우자!(Let' s keep learning!)"

결혼은 완성이 아니니 평생 배우고 익혀라.

비우는 만큼 채워지는
역설의 삶

＊ ＊ ＊

"욕심의 반대는 무욕심이 아니라 잠시 내게 머무름에 대한 만족입니다(달라이 라마)."

"무소유란 아무것도 가지지 않는 것이 아니라 꼭 필요한 것만 갖겠다는 마음이다(법정 스님)."

필자는 스스로 욕심이 많지 않은 사람이라 여겼다. 욕심이란 재물이나 명예에 대한 노골적인 탐닉을 뜻한다고 생각했기 때문이다. 그러나 결혼 이후 아내를 바라보는 내 마음을 들여다보니 그 안에 많은 탐욕이 숨어 있었다.

아내에게 대놓고 무언가를 요구했던 기억은 많지 않다. 그럼에도 이유 없이 싫어지고 괜히 우울해질 때가 있었는데 돌이켜보면 그 이면에는 '이 정도는 되어야 한다.'는 나만의 기준과 기대가 자리하고 있었다. 경제적 수준에 대한 기대, 외모와 능력, 삶의 방식에 대한 은근한 요구들은 말로 꺼내지 않았을 뿐 분명한 탐욕이었다.

그 탐욕은 나를 늘 '지금 여기'에 머물지 못하게 하였고 동시에 아내 역시 내 마음 안에 편히 머무르지 못하게 했다. 반대로 욕심이 잠잠해지고 '지금 이대로도 아주 괜찮다'라는 마음이 들 때면 감사의 마음이 먼저 올라왔다. 괜히 고맙고 괜히 미안해질 때가 있다. 그 순간이야말로 내가 경험한 가장 실제적인 행복이었다.

탐욕을 내려놓으라는 가르침은 거의 모든 종교와 철학의 공통된 메시지다. 많은 사람이 행복은 더 많이 가지는 데 있지 않고 오히려 비우는 데 있다고 말한다. 이 역설이 삶에서는 자주 사실로 드러난다. 그러나 탐욕은 인간의 본성이라 내려놓기가 쉽지 않다. 그래서 사람들은 돈, 외모, 지위, 명예에 과도한 가치를 부여하고 갈망한다. 그렇게 탐욕의 알고리즘에 한 번 들어가면 멈추기 어렵다. 지금의 삶에 만족하지 못한 채 더 많은 것을 갈망하다가 어느 순간 감당하지 못할 선택을 하고 한순간에 나락으로 떨어지는 사람들의 이야기를 우리는 숱하게 목격한다.

앞에서 언급했던 파랑새를 찾아 떠나는 이야기는 어쩌면 '가지면 행복해질 것'이라는 인간의 탐욕을 상징하는 이야기일지도 모른다. 집 안에 이미 파랑새가 있었음에도 그것을 보지 못한 이유는 멀리 있는 파랑새를 향한 욕심 때문이었다. 만약 그렇게 눈앞의 파랑새를 보지 못한 채 발견하지도 못한 파랑새에 대한 미련만 안고 생을 마친다면 그것만큼 안타까운 삶도 없을 것이다.

본디 탐욕은 갈증을 해소하려고 바닷물을 마시는 것과 같다. 더 마실수록 갈증은 심해진다. 언 발에 오줌 누기(동족방뇨: 凍足放尿)와도 같다. 순간은 따뜻할지 몰라도 곧 더 큰 냉기를 불러온다. 탐욕을 멈추게 하는 장치는 단 하나, 만족이고 감사다. 만족은 포기가 아니라 인식의 전환이다. 이미 내게 머무는 것들을 알아보는 능력이다. 탐욕의 도미노는 하나가 쓰러지면 연쇄적으로 무너진다. 반대로 감사의 도미노는 하나만 세워도 삶 전체의 방향이 바뀐다.

행복한 부부는 서로에게 이렇게 말한다.

"나는 당신이 당신일 수 있도록 내버려두겠습니다."

부부행복백신 : 만족

배우자를 있는 모습 그대로 바라보고 만족하라.

이젠 행복 바이러스를 퍼뜨리자

+ + +

"바다에 나갈 때는 한 번 기도하고 전쟁에 나갈 때는 두 번 기도하라. 그러나 결혼할 때는 세 번 기도하라."

러시아 속담이다. 그만큼 결혼은 인생에서 가장 위험 부담이 큰 선택이다. 바다에 나가는 시간보다 결혼 기간이 훨씬 길고 전쟁보다 결혼이 삶 전체에 미치는 영향은 더 깊다. 결혼은 일생을 좌우하는 중대사이기에 한 번의 기도가 아니라 평생의 준비와 점검이 필요한 여정이다.

바다에 나가기 위해서는 항해술을 배워야 하고 전쟁에 나가기 위해서는 전투 기술과 생존 기술을 익혀야 한다. 결혼도 마찬가지로 평생을 살아가는 동안 유능한 기술이 필요하다. 스틴 넷 박사

연구팀의 연구 결과로 보면 여섯 가지 핵심 기술이 필요하다. 서로에 대한 헌신, 긍정적 의사소통, 함께 보내는 시간, 감사와 인정의 표현, 영적 안녕감(가치 공유), 위기 대처 능력이다. 이런 기술을 갖춘 사람은 결혼의 행복을 누리지만 아무런 준비 없이 통념 바이러스에 감염된 상태로 결혼에 들어가면 그 불행은 자신에게서 끝나지 않고 배우자와 자녀까지 감염시킨다. 그래서 가장 지혜로운 결혼 준비는 '부부 백신'을 통해 통념 바이러스를 퇴치하고 전인적 건강체가 되는 일이다.

기존의 인생 각본을 새로운 각본으로 수정하고 나면, 즉 통념 바이러스를 퇴치한 후 다시 바라보는 결혼은 인간에게 허락된 가장 깊고 풍요로운 행복의 장으로 다가온다. 결혼은 단순한 제도가 아니라 연결하는 경험의 시작이다. 인간의 삶에는 성취하는 경험(성공)과 연결하는 경험(행복)이 모두 필요하다. 성취만 있고 연결이 없으면 공허해지고 연결만 있고 성취가 없으면 삶은 버거워진다. 그러나 굳이 하나를 더 중시해야 한다면 연결하는 경험의 양과 질을 늘리는 게 훨씬 지혜롭다.

결혼은 부부를 통해 가족을 형성하고 사람을 사람답게 묶어 주는 삶의 구조다. 결혼 생활이 건강하면 인생의 행복 대부분을 확보한 셈이다. 그래서 결혼을 통해 누리는 행복은 다른 어떤 성공보다도 깊고 오래간다.

통념 바이러스를 퇴치하고 새로운 인생 각본으로 결혼의 본질을 회복한 사람은 자연스럽게 행복 바이러스를 퍼뜨리는 존재가 될 것이다. 그는 어디에 있든, 누구를 만나든 갈등을 키우는 사람이 아니라 화해를 만드는 중재자요, 인간 비타민으로 살아간다. 젊을 때는 젊은 대로, 중년에는 중년대로, 노년에는 노년대로 인생의 모든 계절을 행복으로 살아낼 수 있다.

우리가 이 땅에 태어난 이유는 바로 이런 삶을 경험하기 위함이다. 행복은 우연이 아니라 준비의 결과이며 우리가 퍼뜨릴 수 있는 가장 좋은 바이러스다.

참고

원래의 원고에서는 제6장 : 자녀는 알아서 커 줄 것이다? 라는 장과 꼭지가 있었는데, 부부 중심으로 쓰는 책이라 최종 제외하였다. 자녀 교육에 대한 부분은 저자의 이전 책 《왕이 된 자녀 싸가지 코칭》과 《사춘기 자녀 부모 파이팅》을 참조하기를 바란다.

부부백신

1판 1쇄 | 2026년 4월 20일

지은이 | 이병준
펴낸이 | 박상란
펴낸곳 | 피톤치드

디자인 | 디디앤 김다은 교정 | 박희진
경영·마케팅 | 박병기
출판등록 | 제 387-2013-000029호
등록번호 | 130-92-85998
주소 | 경기도 부천시 길주로 262 이안더클래식 133호
전화 | 070-7362-3488
팩스 | 0303-3449-0319
이메일 | phytonbook@naver.com

ISBN | 979-11-92549-60-6(03190)